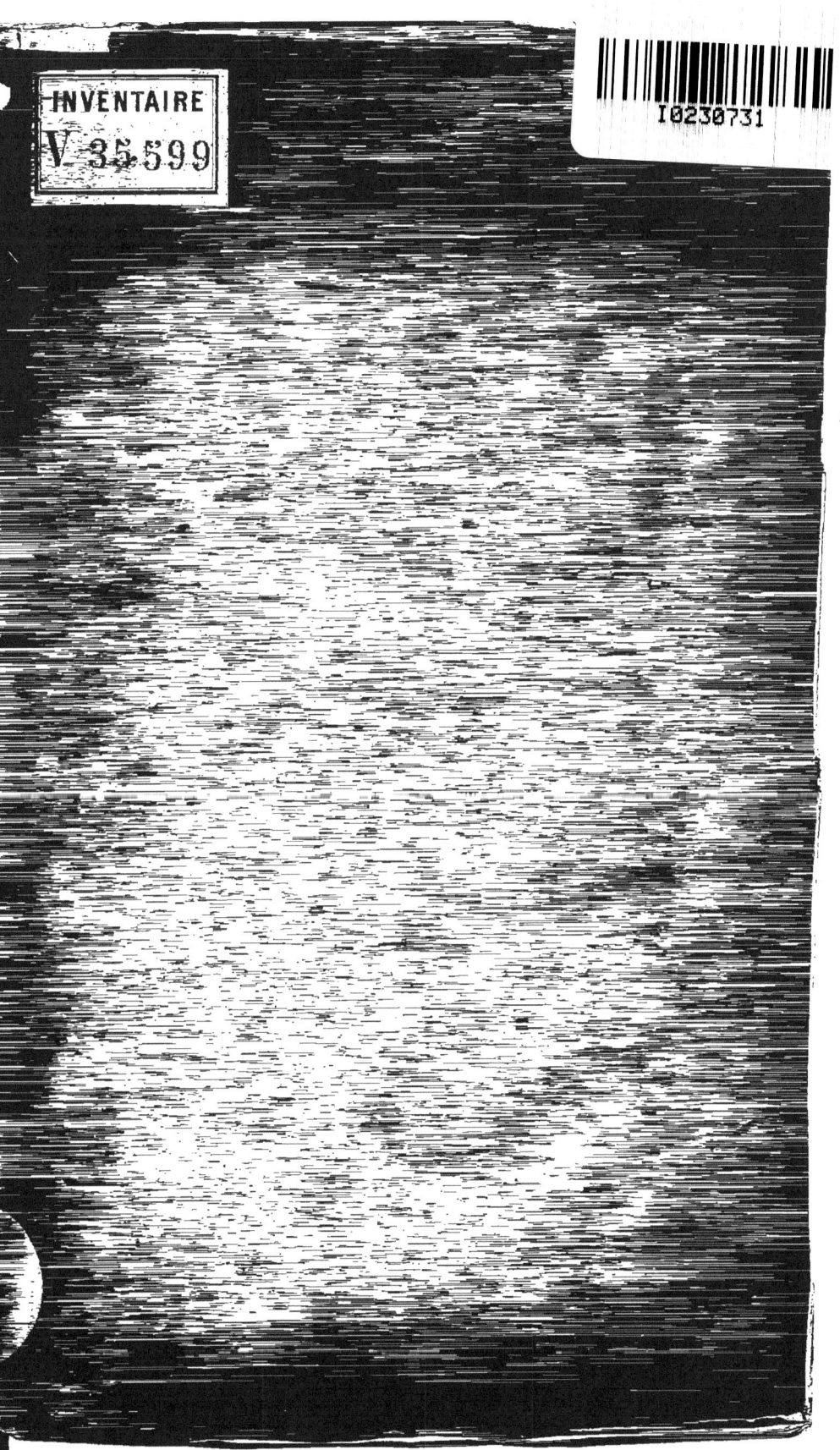
INVENTAIRE
V 35599

V

COURS ÉLÉMENTAIRE

D'ARITHMÉTIQUE

RAISONNÉE,

A L'USAGE DES INSTITUTEURS PRIMAIRES,

PAR UN PROFESSEUR DE L'UNIVERSITE.

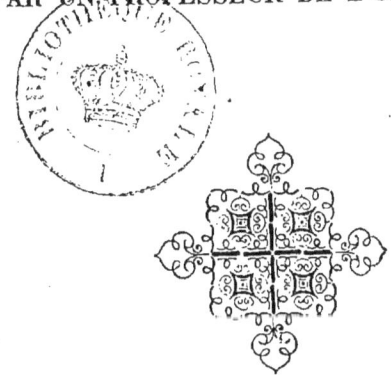

AMIENS,
CHEZ LENOEL-HEROUART,
IMPRIMEUR-LIBRAIRE DE MONSEIGNEUR L'ÉVÊQUE,
RUE ROYALE, 10.

PARIS,
CHEZ DOLIN, LIBRAIRE, QUAI DES AUGUSTINS, 47.

1846.

PRÉFACE.

Bien que cet ouvrage ait été composé particulièrement pour les maîtres, il peut être mis entre les mains des élèves : un maître saura bien prendre dans chaque théorie ce qui convient à chaque âge, et laisser de côté pour les commençants les démonstrations qui s'élèveraient au-dessus de leur intelligence.

Nous n'avons pas eu la prétention de réunir dans ce petit livre tout ce qu'embrasserait un cours complet d'arithmétique. Nous nous sommes bornés aux parties indispensables dans toutes les professions, c'est-à-dire aux opérations sur les nombres entiers, sur les fractions ordinaires et les décimales, et au système métrique. Si le succès de ce premier volume répond à nos vœux, nous en composerons un second qui complétera les notions que nous donnons dans celui-ci.

L'ouvrage est divisé en trois parties. Dans la première sont exposées les théories. La seconde est un questionnaire général, dont voici l'usage. Quand une leçon a été développée par le maître, il importe que l'élève l'étudie en particulier : le questionnaire lui facilitera cette étude, en l'aidant à discerner le véritable objet de chacune des parties de la leçon. Il serait, d'ailleurs, extrêmement utile d'obliger les enfants un peu avancés à faire, d'eux-mêmes et par écrit, une réponse à chaque question : alors on ne leur permettrait plus de consulter le texte de la première partie, mais seulement le questionnaire. C'est pour cette raison que nous avons réuni tous les questionnaires ensemble, au lieu de les placer à la fin de chaque article. La troisième partie présente une collection de 204 problèmes sur les différentes opérations expliquées dans la première. Nous aurions pu multiplier beaucoup plus ces exercices, mais nous avons pensé que le nombre auquel nous nous sommes bornés serait bien suffisant. Il faut remarquer, en effet, que la plupart des collections de problèmes n'atteignent un chiffre fort élevé que parce qu'on y insère des questions insignifiantes ou qui se répètent sous des formes variées. On propose, par exemple, d'écrire en chiffres les nombres *dix, vingt, cinquante-sept*, ou d'écrire en toutes lettres les nombres 14, 58, 84. On y propose de rendre le nombre 47 dix, cent, mille ou dix mille fois plus grand; d'additionner 41, 64, 95, 77, 49; de retrancher 217 de 428, etc. Nous aurions cru faire injure aux instituteurs en mettant de semblables exercices au nombre de nos problèmes : quel est le maître qui ne saurait point en indiquer par milliers sans aucune difficulté? C'est pour la même raison que nous n'avons admis qu'un très-petit nombre de questions du genre de celles-ci : Quel est le prix de 15 mètres de drap à 21 francs le mètre? Pour 495 francs, on a eu 45 mètres d'étoffe; que coûtait un mètre? Des questions semblables peuvent être multipliées à l'infini : le maître les dicte lui-même sans avoir besoin de les puiser dans une collection.

On comprendra enfin pour quelle raison nous avons rejeté les problèmes à la fin du livre, si l'on veut bien considérer qu'il importe d'habituer l'enfant à opérer sans guide. Or, quand les problèmes sont insérés dans le texte, il a sous les yeux la règle qu'il doit appliquer; il peut la consulter sans cesse; la facilité qu'il trouve ainsi pour son travail le dispense de réfléchir et de marcher par lui-même.

COURS ÉLÉMENTAIRE
D'ARITHMÉTIQUE RAISONNÉE,

A L'USAGE DES INSTITUTEURS PRIMAIRES.

CHAPITRE PRÉLIMINAIRE.

Définitions. — Formation des nombres.

1. Tout ce qui est susceptible d'augmentation ou de diminution est désigné sous le nom de *grandeur* ou sous celui de *quantité*. Ainsi, le *temps* est une grandeur, parce qu'un temps peut être plus ou moins long; le *poids* est une grandeur, parce qu'un poids peut être plus ou moins considérable.

2. Si l'on faisait cette question: la distance d'Amiens à Paris est-elle plus ou moins grande qu'un poids de cinq cents livres? on n'aurait à répondre que par un sourire de pitié. C'est qu'*on ne saurait établir de comparaison qu'entre des quantités de même nature.* Ce principe si évident est néanmoins mis assez fréquemment en oubli: l'expérience nous en a maintes fois donné la preuve. Voilà pourquoi nous avons jugé nécessaire de le formuler ici.

3. Revenons à une comparaison possible, et proposons-nous de rechercher s'il y a plus ou moins de distance entre Amiens et Paris qu'entre Beauvais et Rouen. Si nous pouvions tendre un fil entre les deux premières villes, un autre entre les deux dernières, nous n'aurions ensuite qu'à rapprocher les deux fils, et, suivant que le premier serait plus long ou plus court que le second, nous saurions qu'Amiens est plus loin ou plus près de Paris que Beauvais ne l'est de Rouen. Mais on comprend qu'un pareil procédé serait impraticable.

Pour parvenir à notre objet, nous choisissons une longueur arbitraire, à laquelle nous donnons le nom d'*unité de longueur*. Munis d'une chaîne que nous avons faite d'une longueur égale à cette unité, nous la tendons à partir d'Amiens vers Paris; du point où arrive son extrémité, nous la tendons encore en avançant vers Paris; et nous continuons ainsi jusqu'à ce que nous soyons arrivés à cette dernière ville. Si, pour cela, nous sommes obligés de porter douze mille fois la chaîne en avant, nous disons qu'il y a d'Amiens à Paris douze mille unités de longueur.

Nous pourrons faire la même opération entre Beauvais et Rouen, et, suivant que nous trouverons entre ces deux villes plus ou moins de douze mille unités de longueur, nous saurons que leur distance est plus ou moins grande que celle de Paris à Amiens.

Ainsi, pour comparer deux longueurs entre elles, nous les comparons successivement à une même longueur que nous appelons *unité*.

4. On comprendra maintenant avec facilité les définitions suivantes :

L'*unité* est une quantité choisie arbitrairement pour servir de terme de comparaison entre toutes les quantités de la même espèce.

Mesurer une quantité, c'est la comparer avec son unité.

Le résultat de la comparaison d'une quantité avec son unité s'appelle *nombre*.

5. Supposons que l'on veuille mesurer le poids d'un morceau de plomb. Il faudra choisir une unité de poids. Sans nous arrêter ici à la manière dont on a fixé ce choix, adoptons l'unité usitée en France, le *kilogramme*. Nous mettrons le morceau de plomb dans l'un des bassins d'une balance; dans l'autre bassin, nous placerons des kilogrammes jusqu'à ce que l'équilibre existe. Admettons que trois kilogrammes aient été nécessaires et suffisants. Le poids du plomb sera mesuré; ce sera *trois* kilogrammes, *trois* unités de poids. Voilà donc un nombre qui n'est qu'une réunion d'unités.

Mais il peut arriver que notre morceau de plomb soit beaucoup plus petit, et qu'un seul kilogramme soit plus lourd que lui. Que faire alors pour le mesurer? Nous partagerons le kilogramme en un certain nombre de parties égales, en cent, par exemple. Puis nous mettrons dans la balance pour faire équilibre au plomb, non plus des kilogrammes, mais des poids plus petits, valant chacun l'une des parties que nous venons de former. Admettons que vingt-sept de ces petits poids aient été nécessaires et suffisants. Le poids du plomb sera encore mesuré ; ce sera *vingt-sept parties* de l'unité divisée en *cent* parties égales. Voilà donc un nouveau nombre qui n'est qu'une réunion de parties égales de l'unité.

Enfin, il est possible que, pour mesurer le poids du morceau de plomb, nous ayons dû employer trois kilogrammes, puis vingt-sept de nos poids plus petits, valant chacun la centième partie du kilogramme. Dans ce cas, le poids serait de trois kilogrammes et de vingt-sept centièmes de kilogrammes. Nous aurions donc un nombre composé d'une réunion d'unités et d'une réunion de parties égales de l'unité.

On voit par ces explications qu'il y a trois espèces de nombres :

1° Le *nombre entier*, formé par la réunion de plusieurs unités complètes.

2° Le *nombre fraction*, que l'on appelle plus simplement *la fraction*, formé d'une ou de plusieurs parties de l'unité divisée en parties égales.

3° Le *nombre fractionnaire*, formé d'un nombre entier et d'une fraction.

6. On voit encore que, pour former les nombres entiers, on n'a qu'à réunir une unité avec une unité ; puis une nouvelle unité avec cette première collection, et ainsi de suite. A un nombre entier, quelque grand qu'il soit, on pourra toujours ajouter une nouvelle unité ; ce qui fournira un nouveau nombre entier. En conséquence, la série des nombres entiers n'a aucune limite.

On voit aussi que, pour former une fraction, il faut commencer par diviser l'unité en parties égales, puis prendre un nombre entier de ces parties, et que ce nombre entier de parties constituera la fraction. D'où il suit que, pour connaître une fraction, il faut nécessairement connaître deux nombres entiers ; l'un des deux indiquera en combien de parties égales a été divisée l'unité ; l'autre, combien de ces parties entrent dans la fraction. Le premier de ces deux nombres est appelé *dénominateur;* le second reçoit le nom de *numérateur :* on les désigne collectivement sous la dénomination de *termes* de la fraction.

Ainsi, dans l'exemple que nous avons choisi tout à

l'heure, le kilogramme étant divisé en cent parties égales, le nombre *cent* était le dénominateur de la fraction; et, comme on prenait vingt-sept de ces parties, le nombre *vingt-sept* était le numérateur.

7. En réalité, nous n'avons l'idée d'un nombre qu'autant que nous savons quelle a été l'unité. Ainsi, trois kilogrammes représentent quelque chose à qui sait ce que c'est qu'un kilogramme; mais ce ne serait qu'un assemblage de mots vides de sens pour quiconque ne connaîtrait pas la valeur du kilogramme. Cependant, on considère souvent les nombres sans fixer l'unité, parce qu'il est des principes également vrais, quelle que soit la nature de cette unité, principes que l'on doit dégager de toute particularité qui semblerait en restreindre l'application.

Un nombre complet, c'est-à-dire représentant des unités ou parties d'unités dont on connaît la nature, est dit *nombre concret*. Exemple, trois *kilogrammes*.

Un nombre énoncé sans indication de la nature des unités qu'il représente, est dit *abstrait*. Exemple, *trois*.

CHAPITRE Ier.

Numération parlée.

8. Après avoir formé les nombres, nous devons chercher à leur donner des noms. S'il n'y avait que peu de nombres, nous pourrions assigner un nom à chacun d'eux, sans avoir besoin de suivre pour cela aucune règle fixe. Mais, la série des nombres n'ayant pas de limite, la vie d'un homme serait insuffisante, je ne dis pas seulement pour apprendre, mais même pour lire une liste de noms, dans laquelle chaque nombre aurait le sien. Il est donc absolument indispensable de soumettre les dénominations des nombres à certaines règles, afin que la mémoire n'ait à retenir qu'une quantité limitée de mots. Ces règles sont l'objet de la *numération parlée*.

La numération parlée est l'art de nommer tous les nombres au moyen d'une quantité limitée de mots.

Elle se divise naturellement en trois parties, qui correspondent aux trois espèces de nombres.

ARTICLE Ier.

Numération parlée des nombres entiers.

9. Tout le monde apprend à compter dès son enfance, et il n'est personne dont l'ignorance aille jusqu'au point de ne savoir pas énoncer les nombres, au moins jusqu'à mille. Voici pourtant que nous nous proposons d'enseigner les principes d'un art qui n'a d'autre objet que d'assigner un nom à chaque nombre entier. N'y a-t-il pas là quelque chose de ridicule, ou tout au moins de superflu? A cette question, plus d'un lecteur a déjà répondu peut-être d'une manière affirmative: car la numération est dans les écoles trop fréquemment dédaignée. Qu'on y prenne garde pourtant: cet art, que l'on néglige, est la base de toute la science du calcul. Impossible de faire entrer l'intelligence d'une règle dans un esprit qui n'est point imbu profondément des principes de cet art. On ne saurait donc accorder trop de soins à les graver dans la mémoire des enfants; c'est la condition nécessaire de leurs progrès ultérieurs. Peu importe qu'ils sachent déjà compter; ils le font mécaniquement; faites-leur décomposer ce qu'ils disent; montrez-leur dans une suite de noms, en apparence arbitraires, des règles uniformes et simples; en un mot, apprenez-leur à compter avec méthode: vous aurez fait beaucoup pour leur avancement. Puissions-nous, par ces courtes réflexions, ramener dans les écoles l'utile habitude de n'exercer les élèves à chiffrer et à calculer, que lorsqu'ils auront été bien préparés par une étude sérieuse de la numération parlée!

10. Les neuf premiers nombres ont reçu les noms suivants:

Un, deux, trois, quatre, cinq, six, sept, huit, neuf.

11. En ajoutant une unité au nombre *neuf*, on a obtenu un nombre nouveau, que l'on a nommé *dix*, et qu'on est convenu de considérer comme une unité nouvelle: cette unité est souvent appelée *dizaine* ou *unité du second ordre*. Dès-lors, on est convenu de compter par unités du second ordre, comme on avait compté par unités simples; ce qui a fourni les noms:

Dix, deux dix, trois dix, quatre dix, cinq dix, six dix, sept dix, huit dix, neuf dix.

Une dizaine étant la collection de dix unités simples, il se trouve entre deux dizaines consécutives un intervalle. On le remplit en ajoutant au nom de la première de ces deux dizaines les noms des neuf premiers nombres. On a de cette façon :

Dix-un, dix-deux, dix-trois, dix-quatre, dix-cinq, dix-six, dix-sept, dix-huit, dix-neuf, deux dix, deux dix-un..... deux dix-neuf, trois dix....

Et ainsi de suite jusqu'à *neuf dix-neuf.*

12. Cependant, l'usage a établi quelques exceptions à ces règles si simples : en voici le tableau.

NOMS RÉGULIERS.	NOMS USITÉS.
Dix-un.	*Onze.*
Dix-deux.	*Douze.*
Dix-trois.	*Treize.*
Dix-quatre.	*Quatorze.*
Dix-cinq.	*Quinze.*
Dix-six.	*Seize.*
Deux dix.	*Vingt.*
Trois dix.	*Trente.*
Quatre dix.	*Quarante.*
Cinq dix.	*Cinquante.*
Six dix.	*Soixante.*
Sept dix.	*Soixante-dix.*
Sept dix-un.	*Soixante-et-onze.*
Sept dix-deux.	*Soixante-douze.*
Sept dix-trois.	*Soixante treize.*
Sept dix-quatre.	*Soixante-quatorze.*
Sept dix-cinq.	*Soixante-quinze.*
Sept dix-six.	*Soixante seize.*
Huit dix.	*Quatre-vingts.*
Neuf dix.	*Quatre-vingt-dix.*
Neuf dix-un.	*Quatre-vingt-onze.*
Neuf dix-deux.	*Quatre-vingt-douze.*
Neuf dix-trois.	*Quatre vingt treize.*
Neuf dix-quatre.	*Quatre-vingt-quatorze.*
Neuf dix-cinq.	*Quatre-vingt quinze.*
Neuf dix-six.	*Quatre-vingt-seize.*

Cours élémentaire d'Arithmétique. 11

13. En ajoutant une unité au nombre neuf dix-neuf ou quatre-vingt-dix-neuf, on forme une collection de dix dizaines, à laquelle on donne le nom de *cent*. On regarde cette collection comme une nouvelle unité appelée *centaine* ou *unité du troisième ordre*, et l'on compte par centaines comme on a compté par unités simples; ce qui forme les noms:

Cent, deux cents, trois cents, quatre cents, cinq cents, six cents, sept cents, huit cents, neuf cents.

Une centaine étant la collection de cent unités simples, il se trouve entre deux centaines consécutives un intervalle. On le remplit en ajoutant au nom de la première de ces deux centaines les noms des quatre-vingt-dix-neuf premiers nombres. On a de cette façon:

Cent un, cent deux... cent vingt... cent trente... cent quatre-vingt-dix-neuf, deux cents, deux cent un...

Et ainsi de suite jusqu'à *neuf cent quatre-vingt-dix-neuf.*

14. Avant d'aller plus loin, formulons ici quelques remarques.

1° On voit que, pour compter jusqu'à neuf cent quatre-vingt-dix-neuf, on n'a véritablement employé que les noms des neuf premiers nombres, puis dix et cent; en tout, onze noms différents. S'il y en a quelques-uns de plus, ils proviennent d'exceptions consacrés par l'usage (12).

2° Pour parvenir à cette simplicité, on a distingué différents ordres d'unités, savoir: l'unité du premier ordre ou unité simple; l'unité du second ordre ou dizaine; l'unité du troisième ordre ou centaine.

3° Chaque unité d'un ordre en vaut dix de l'ordre immédiatement inférieur.

4° On applique les mêmes noms aux unités des différents ordres, en ajoutant un mot qui rappelle l'ordre qu'on veut nommer. Exemple: *trois unités, trois dix, trois cents.*

Ajoutons enfin que les unités simples, les dizaines et les centaines composent ensemble ce que l'on appelle la *classe* des unités. Ainsi, le mot *classe* est un terme plus général que le mot *ordre*: il indique un assemblage de nombres qui se subdivisent en trois ordres.

15. En ajoutant une unité au nombre neuf cent quatre-vingt-dix-neuf, on forme une collection de dix centaines, à laquelle on donne le nom de *mille*. On regarde cette collection comme une nouvelle unité appelée *unité du quatrième ordre*. De plus, on forme avec cette sorte d'unités une deuxième *classe* qui sera, comme celle des unités simples, composée de trois ordres, savoir: l'ordre des mille ou quatrième ordre, l'ordre des dizaines de mille ou cinquième ordre, l'ordre des centaines de mille ou sixième ordre. On compte, en conséquence, par mille, dizaines de mille et centaines de mille, comme on a compté par unités, dizaines et centaines; ce qui fournit les noms:

Mille, deux mille, trois mille... neuf mille, dix mille, onze mille, douze mille... vingt mille... quatre-vingt-dix-neuf mille, cent mille, cent un mille...

Et ainsi de suite jusqu'à *neuf cent quatre-vingt-dix-neuf mille*.

Un mille étant la réunion de mille unités simples, il se trouve entre deux mille consécutifs un intervalle. On le remplit en ajoutant au nom du premier de ces deux mille les noms des *neuf cent quatre-vingt-dix-neuf* premiers nombres. On a de cette façon:

Mille un, mille deux... mille dix, mille onze... mille vingt... mille cent, mille cent un... mille deux cents, mille deux cent un...

Et ainsi de suite jusqu'à *neuf cent quatre-vingt-dix-neuf mille neuf cent quatre-vingt-dix-neuf*.

16. En ajoutant une unité au nombre neuf cent quatre-vingt-dix-neuf mille neuf cent quatre-vingt-dix-neuf, on forme une collection de mille mille, à laquelle on donne le nom de *million*. On regarde cette collection comme une nouvelle unité appelée *unité du septième ordre*. De plus, on forme avec cette sorte d'unités une troisième *classe* qui sera, comme les deux premières, composée de trois ordres, savoir: l'ordre des millions ou septième ordre, l'ordre des dizaines de millions ou huitième ordre, l'ordre des centaines de millions ou neuvième ordre. On compte, en consé-

Cours élémentaire d'Arithmétique.

quence, par millions, dizaines de millions et centaines de millions, comme on a compté par unités, dizaines et centaines ; ce qui fournit les noms :

Un million, deux millions... neuf millions, dix millions, onze millions... vingt millions... quatre-vingt-dix-neuf millions, cent millions, cent un millions...

Et ainsi de suite jusqu'à *neuf cent quatre-vingt-dix-neuf millions.*

Un million étant la réunion d'un million d'unités simples, il se trouve entre deux millions consécutifs un intervalle. On le remplit en ajoutant au nom du premier de ces deux millions les noms des neuf cent quatre-vingt-dix-neuf mille neuf cent quatre-vingt-dix-neuf premiers nombres. On va de cette manière jusqu'à *neuf cent quatre-vingt-dix-neuf millions neuf cent quatre-vingt-dix-neuf mille neuf cent quatre-vingt dix-neuf*

17. Il serait superflu de continuer au-delà cette explication. Toujours on forme de mille unités d'une classe une unité nouvelle, et avec cette unité nouvelle une autre classe qui comprend trois ordres, unités, dizaines, centaines. On remplit l'intervalle entre deux unités d'une même classe au moyen des noms appliqués à tous les nombres des classes qui la précèdent. Nous n'avons plus besoin que d'indiquer les dénominations des classes successives.

Mille millions forment un *billion ;*
Mille billions — un *trillion ;*
Mille trillions — un *quatrillion ;*
Mille quatrillions — un *quintillion.*

Ce dernier nombre est d'une telle grandeur, qu'il est complètement inutile de se charger la mémoire de mots destinés à en exprimer de plus considérables.

ARTICLE II.

Numération parlée des fractions.

18. Toute fraction, avons-nous dit (6), est formée de deux termes ; le *dénominateur*, nombre entier qui

indique en combien de parties égales l'unité a été divisée ; le *numérateur*, nombre entier qui indique combien de ces parties égales on fait entrer dans la fraction.

La connaissance des deux termes étant indispensable pour que la fraction soit elle-même connue, on devra énoncer successivement chacun d'eux; ce qui n'offrira point de difficulté, puisque ce sont des nombres entiers. L'usage veut que l'on nomme le numérateur le premier, et qu'on ajoute au nom du dénominateur la terminaison *ième*.

Ainsi, la numération parlée des fractions se réduit à cette règle :

Pour nommer une fraction, nommez le numérateur comme s'il était seul; nommez ensuite le dénominateur en ajoutant à son nom la terminaison *ième*.

Que, par exemple, l'unité soit divisée en cent parties égales, et que vingt-sept de ces parties constituent la fraction : nous la nommerons *vingt-sept centièmes*.

Que l'on nous énonce une fraction *cent trente-cinq trois cent huitièmes* nous verrons dans le numérateur *cent trente-cinq* que l'on a pris cent trente-cinq parties égales de l'unité, et dans le dénominateur *trois cent huit*, que l'unité a été divisée en trois cent huit parties égales.

Ajoutons, pourtant, que l'on fait exception pour les fractions dont le dénominateur est *deux*, *trois*, ou *quatre*. Au lieu de dire *deuxième*, *troisième*, *quatrième*, on dit *demie*, *tiers*, *quart*.

ARTICLE III.

Numération parlée des nombres fractionnaires.

19. Un nombre fractionnaire est la réunion d'un nombre entier et d'une fraction. Pour l'énoncer, il suffit de nommer successivement le nombre entier et la fraction qui le composent. A cela se réduit cette partie de la numération parlée.

CHAPITRE II.

Numération écrite.

20. L'écriture des nombres en toutes lettres serait fort incommode, à cause de sa longueur. Comment comparer aisément et, à plus forte raison, combiner des nombres tels que *six cent cinquante sept billions trois cent dix-huit millions quatre cent vingt-neuf mille six cent trente-huit?* On sent donc la nécessité d'écrire les nombres d'une manière abrégée : c'est l'objet de la *numération écrite*.

La numération écrite est l'art de représenter tous les nombres à l'aide d'une quantité limitée de caractères appelés *chiffres*.

Elle se divise, comme la numération parlée, en trois parties.

ARTICLE 1er.

Numération écrite des nombres entiers.

21. Les neuf premiers nombres sont représentés par les chiffres suivants :

un, deux, trois, quatre, cinq, six, sept, huit, neuf.
1   2   3   4   5   6   7   8   9

22. On compte par dizaines comme par unités simples. En conséquence, on emploiera les mêmes chiffres pour exprimer les collections de dizaines : ainsi, pour écrire *quatre-vingts*, on se servira du chiffre 8. Seulement, il faudra faire savoir que ce chiffre représente des unités du second ordre, et non des unités simples.

Pareillement, les centaines se comptant comme les unités simples, les mêmes chiffres serviront encore à exprimer les collections de centaines : ainsi, pour écrire *cinq cents*, on emploiera le chiffre 5. Seulement, il faudra faire savoir que ce chiffre représente des unités du troisième ordre.

Généralement, les neuf chiffres adoptés pourront servir à exprimer des collections d'unités d'un même ordre, quel qu'il soit, pourvu que l'on fasse savoir de quel ordre il s'agit.

La difficulté se réduit à distinguer quel est l'ordre des unités exprimées par un chiffre.

23. On aurait pu le faire en écrivant à la suite de chaque chiffre le nom de l'ordre d'unités qu'il exprime; on aurait écrit, par exemple, 9 cent 2 dix 7, pour représenter le nombre *neuf cent vingt-sept*. Mais, par ce moyen, l'écriture des nombres serait demeurée fort longue encore. Pour parvenir à plus de simplicité, on est convenu que *tout chiffre placé à la gauche d'un autre exprimerait des unités de l'ordre immédiatement supérieur à celles qu'exprime cet autre*. Dès-lors, le chiffre placé au premier rang, en allant de droite à gauche, représentant des unités simples, celui qui sera écrit au second rang représentera des dizaines; celui qui sera écrit au troisième rang, des centaines, et ainsi de suite; en sorte que le rang d'un chiffre indiquera l'ordre des unités qu'il exprime. Par exemple, pour écrire *neuf cent vingt-sept*, on mettra simplement 927 : le chiffre 7 placé au premier rang représentera des unités simples; 2 placé au second rang, des dizaines; 9 au troisième rang, des centaines.

24. Cette convention serait suffisante, si, dans un nombre, il y avait toujours des unités de tous les ordres. Mais je suppose que l'on veuille écrire le nombre *vingt*. On emploiera le chiffre 2, caractère du nombre des dizaines comprises dans *vingt*; mais il faudra exprimer que les unités représentées par ce chiffre sont du second ordre. Le moyen d'y parvenir, c'est de placer le chiffre à la gauche d'un autre indiquant les unités; mais cet autre, quel sera-t-il, puisqu'il n'entre pas d'unités simples dans le nombre proposé? On le voit, il y a nécessité d'introduire un dixième chiffre n'ayant par lui-même aucune valeur, mais servant à tenir la place des unités qui n'existent pas, afin de conserver au chiffre 2 le rang qui déterminera sa valeur réelle : ce chiffre est 0; il s'énonce *zéro*. L'expression du nombre *vingt* sera 20.

25. Il est aisé de voir, si l'on a bien saisi ces détails, que chaque chiffre d'un nombre a deux valeurs : l'une, appelée *valeur absolue*, est le nombre d'unités que le chiffre exprime, indépendamment des chiffres qui l'ac-

compagnent, du rang qu'il occupe et de l'ordre des unités qu'il représente; l'autre, appelée *valeur locale* ou *relative*, est la nature même des unités que le chiffre exprime, suivant qu'il tient telle ou telle autre place dans le nombre écrit. Le zéro a pour objet de faire acquérir à chaque chiffre la valeur locale qu'il doit posséder, en lui conservant le rang nécessaire pour cela, dans le cas de l'absence de certains ordres d'unités.

Il est très important de s'habituer à écrire sans hésitation tous les nombres moindres que *mille* : nous allons voir que c'est là toute la numération écrite, et que le reste se ramène toujours à ces nombres simples.

26. A l'aide de la convention qui vient d'être établie (23), tout nombre, quelque grand qu'il soit, peut être écrit en chiffres. Mais, s'il fallait compter pour chaque chiffre quel est l'ordre des unités qu'il doit représenter, afin de lui donner le rang convenable, ce procédé trop long deviendrait fatigant. Il importe de le simplifier en l'abrégeant.

Nous supposons que, conformément à notre conseil, les élèves ont été exercés à écrire les nombres au-dessous de mille, en sorte que l'expression rapide de pareils nombres sera pour eux chose facile.

Soit proposé d'écrire le nombre *huit millions trente-cinq mille six cent deux*. Les mots *millions*, *mille*, rappellent deux classes d'unités : les millions constituent la troisième classe et les mille la seconde. Or, chaque classe ne se composant que de trois ordres, tout nombre d'unités d'une même classe est nécessairement moindre que mille. Nous ne serons donc point embarrassés pour écrire séparément les unités de chacune des trois classes qui entrent dans notre nombre. Nous aurons ainsi :

8 *millions*   35 *mille*   602 *unités*.

Puisqu'une classe comprend trois ordres, nous devrions trouver trois chiffres dans chacune de nos trois classes pour qu'elles fussent complètes. Celle des mille n'en a que deux : c'est que l'ordre des centaines de mille manque dans le nombre. Marquons au moins la place de cet ordre par un zéro, et nous aurons :

8 *millions*   035 *mille*   602 *unités*.

Maintenant, supprimons les mots *millions*, *mille*, *unités*; rapprochons les chiffres sans en intervertir l'arrangement, et le nombre proposé sera écrit :

8035602

Soit encore le nombre *quinze billions six cent trois millions huit mille soixante-quatorze*. Les mots *billions*, *millions*, *mille*, rappellent trois classes d'unités: les billions constituent la quatrième, les millions la troisième, et les mille la seconde. Nous écrirons, comme tout à l'heure, les unités de chacune des quatre classes qui entrent dans le nombre proposé :

15 *billions*   603 *millions*   8 *mille*   74 *unités*.

La classe des unités n'a que deux chiffres ; c'est que l'ordre des centaines manque : nous en marquerons la place par un zéro. Pareillement, nous marquerons par deux zéros les places des dizaines et des centaines dans la classe des mille. Nous aurons ainsi :

15 *billions*   603 *millions*   008 *mille*   074 *unités*.

Supprimons les mots *billions*, *millions*, *mille*, *unités*; rapprochons les chiffres sans en intervertir l'arrangement, et le nombre proposé sera écrit :

15603008074.

Soit, pour troisième exemple, le nombre *six billions quarante mille cinq*. Les mots *billions*, *mille*, rappellent deux classes d'unités: les billions constituent la quatrième classe, les mille la seconde. La classe des millions manque : nous en marquerons au moins la place en écrivant trois zéros pour tenir lieu des trois ordres dont cette classe devrait se composer. Nous écrirons, d'ailleurs, comme dans les deux premiers exemples, les unités de chacune des classes qui entrent dans le nombre proposé. Nous aurons ainsi :

6 *billions*   000 *millions*   40 *mille*   5 *unités*.

Les classes des mille et des unités ayant moins de trois chiffres, nous leur en donnerons trois en écrivant à leur gauche autant de zéros qu'il sera nécessaire : nous obtiendrons de cette façon :

6 *billions*   000 *millions*   040 *mille*   005 *unités*.

Supprimons les mots *billions, millions, mille, uni-*

tés; rapprochons les chiffres sans en intervertir l'arrangement, et le nombre proposé sera écrit :

6000040005.

Habituez les enfants à cette sorte de mécanisme raisonné : bientôt la décomposition en classes se fera dans leur esprit, sans qu'ils aient besoin de rien écrire, et ils chiffreront sans difficulté.

Afin d'éviter toute erreur, nous formulons les règles de ces exercices.

1° Commencez par écrire sur un tableau noir le nombre *en toutes lettres*.

2° Écrivez sur une seconde ligne le nom de la plus haute classe d'unités.

3° Écrivez à la suite les noms des classes, depuis la plus haute jusqu'à celle des unités, dans l'ordre de succession fixé par la numération parlée, sans en omettre aucune et sans considérer si ces classes entrent ou non dans le nombre proposé : laissez entre ces noms un intervalle suffisant pour écrire trois chiffres.

4° Lisez la classe la plus élevée toute seule, et écrivez-la en chiffres à la gauche de son nom.

5° Lisez la classe qui vient immédiatement après dans le nombre proposé, sans répéter celle qui a déjà été lue et écrite, et écrivez encore cette classe en chiffres à la gauche de son nom. — Faites la même chose pour les classes qui restent encore.

6° Écrivez trois zéros dans chacun des intervalles qui sont demeurés vides.

7° Écrivez à la gauche du nombre écrit dans chacun des autres intervalles autant de zéros qu'il en faut pour qu'il s'y trouve en tout trois chiffres.

8° Supprimez les noms; rapprochez les chiffres sans aucun changement dans leur ordre.

Après un certain nombre d'exercices pareils, vous accoutumerez l'élève à ne plus écrire les noms des classes, mais à marquer seulement leur séparation par des traits : vous arriverez ainsi graduellement à l'écriture courante des nombres sans hésitation; ce sera un grand pas de fait; car il est rare de trouver des jeunes-gens, même fort habiles, qui n'éprouvent pas quelque difficulté sur ce sujet.

27. Il nous reste à indiquer le moyen de lire un

nombre écrit. Nous supposons qu'on sache lire un nombre moindre que mille, et on le sait nécessairement, si l'on a suivi le conseil que nous avons donné, en s'exerçant à écrire de pareils nombres. Cela posé, soit proposé de lire

5400082000603179.

Je partage ce nombre en tranches de trois chiffres chacune, à partir de la droite, la dernière tranche pouvant n'avoir qu'un ou deux chiffres : ce qui me donne

5 400 082 000 603 179.

Chaque tranche représente une classe d'unités. J'écris le nom de cette classe à la suite de la tranche correspondante, ainsi qu'il suit :

5 *quatrillions* 400 *trillions* 082 *billions* 000 *millions* 603 *mille* 179 *unités*.

Les zéros qui composent la classe des millions annoncent l'absence d'unités de cette classe : je la supprime en conséquence et, commençant par la gauche, j'énonce chaque tranche comme si elle était seule, en ajoutant le nom qui la suit :

Cinq quatrillions quatre cents trillions quatre vingt-deux billions six cent trois mille cent soixante-dix-neuf unités.

Exercez l'élève à décomposer de cette manière : quand il le fera bien, vous ne lui permettrez plus d'écrire le nom de chaque classe : enfin, vous l'habituerez à distinguer les tranches sans écrire de nouveau le nombre. Il y a quelque importance à éviter l'emploi des virgules, pour faciliter cette distinction : on en verra la raison quand nous exposerons la numération des fractions décimales.

28. Soit le nombre 675. J'écris à la droite de ce nombre un zéro ; ce qui me donne 6750. Quel changement le nombre a-t-il subi ?

Le chiffre 5 exprimait des unités ; il exprime actuellement le même nombre de dizaines, unités dix fois plus fortes : il a donc une valeur dix fois plus grande.

Le chiffre 7 exprimait des d'zaines ; il exprime actuellement le même nombre de centaines, unités dix fois fortes : il a donc une valeur dix fois plus grande.

Le chiffre 6 exprimait des centaines; il exprime actuellement le même nombre de mille, unités dix fois plus fortes : il a donc une valeur dix fois plus grande.

Toutes les parties du nombre sont devenues dix fois plus grandes : donc le nombre lui-même est devenu dix fois plus grand.

On verrait de même qu'un nombre devient cent, mille, dix mille fois plus grand, lorsqu'on écrit à sa droite, deux, trois, quatre zéros.

29. Si un nombre se termine par des zéros, on le rend dix, cent, mille fois moindre en supprimant un, deux, trois de ces zéros. Le raisonnement qui le prouve est absolument semblable à celui que nous venons de faire ; aussi laissons-nous au lecteur le soin de le répéter.

ARTICLE II.

Numération écrite des fractions.

30. Pour écrire une fraction, écrivez le numérateur; tracez au-dessous une ligne horizontale; puis au-dessous de cette ligne écrivez le dénominateur. Par exemple la fraction *vingt-cinq trente-quatrièmes* s'écrira $\frac{25}{34}$.

ARTICLE III.

Numération écrite des nombres fractionnaires.

31. Quant aux nombres fractionnaires, on les écrit en écrivant d'abord l'entier, ensuite la fraction. Ainsi le nombre *dix-sept unités vingt-cinq trente-quatrièmes* s'écrira $17\frac{25}{34}$.

Quelquefois on unit l'entier à la fraction par le signe $+$ qui s'énonce *plus* : $17 + \frac{25}{34}$.

CHAPIRRE III.

OPÉRATIONS SUR LES NOMBRES ENTIERS.

ARTICLE Ier.

Addition.

32. Un marchand a reçu d'un acheteur 36 francs, d'un second 45 francs, d'un troisième 27 francs. Si l'on veut savoir ce qu'il a reçu en tout, il faudra former un nombre de francs qui soit la réunion des trois nombres 36, 45, 27; ou, en d'autres termes, *ajouter* la seconde recette à la première, et la troisième au résultat. On appelle *addition* l'opération par laquelle on réunit ainsi plusieurs nombres de même espèce en un seul : ce dernier se nomme *somme* ou *total*.

Pour indiquer, d'une manière abrégée, que plusieurs nombres doivent être réunis en un seul, on les écrit sur une même ligne horizontale en séparant chacun d'eux du suivant par le signe + qui s'énonce *plus*: ainsi la recette du marchand sera dans notre exemple 36 + 45 + 27 francs.

33. Quand on doit ajouter à un nombre quelconque un nombre d'un seul chiffre, on n'a besoin d'aucune règle. Supposons, par exemple, qu'on veuille ajouter 6 à 85. On se servira de six doigts, à chacun desquels on adaptera l'un des nombres successifs, à partir de 86 : ainsi l'on dira pour le premier 86, pour le second 87, et ainsi de suite. Au sixième se trouvera appliqué le nombre 91, qui est la somme demandée.

Ce mécanisme devient, au reste, inutile après quelques exercices. On acquiert bientôt l'habitude de trouver sur le champ et comme de mémoire le résultat de l'addition dans le cas fort simple qui nous occupe.

34. Proposons-nous maintenant d'additionner les nombres 254, 6072, 3891, 42. La somme doit évidemment se composer de la somme des unités, de la somme des dizaines, de la somme des centaines et de celle des mille contenus dans les quatre nombres. Or chacune de

Cours élémentaire d'Arithmétique. 23

ces sommes résultera de l'addition de nombres moindres que dix ; elle pourra par conséquent être obtenue par le moyen précédent. Il sera facile dès-lors d'arriver à la somme totale.

Pour plus de commodité, on écrit les nombres les uns sous les autres de manière que les unités soient dans une même colonne verticale, les dizaines dans une même colonne et ainsi de suite ; puis on tire un trait au-dessous du dernier nombre pour le séparer du total.

```
  254
 6072
 3891
   42
-----
10259
```

En commençant par ajouter les unités, nous dirons : 4 et 2 font 6, et 1 font 7, et 2 font 9 : les autres colonnes ne pouvant fournir que des dizaines, des centaines et des mille, nous sommes sûrs qu'il n'y aura dans la somme que 9 unités simples ; nous les écrivons au rang des unités.

Passant à la colonne des dizaines, nous dirons de même : 5 et 7 font 12, et 9 font 21, et 4 font 25 dizaines ; résultat qui équivaut à 2 centaines plus 5 dizaines. Comme les colonnes qui restent ne pourront fournir que des centaines et des mille, nous sommes sûrs qu'il n'y aura dans la somme que 5 dizaines ; nous les écrivons au rang des dizaines. Quant aux 2 centaines, nous les retenons pour les ajouter aux autres centaines contenues dans les nombres proposés.

Pour faire la somme des centaines, nous dirons : 2 centaines retenues et 2 font 4, et 8 font douze centaines ; résultat qui équivaut à 1 mille plus 2 centaines. Comme la colonne qui reste ne pourra fournir que des mille, nous sommes sûrs qu'il n'y aura dans la somme que 2 centaines ; nous les écrivons au rang des centaines. Quant au mille, nous le retenons pour le réunir aux autres mille contenus dans les nombres proposés.

Enfin, pour faire la somme des mille, nous dirons : 1 mille retenu et 6 font 7, et 3 font 10 mille, que nous écrivons en plaçant un zéro au rang des mille et le chiffre 1 au rang des dizaines de mille.

De cette opération, nous concluons cette règle générale :

Pour additionner des nombres entiers, on les écrits les uns sous les autres, de manière que les unités de même ordre se trouvent dans la même colonne verticale; et l'on tire un trait sous le dernier nombre pour le séparer du résultat. On ajoute successivement les chiffres de chaque colonne verticale, en commençant par la droite. Si la somme ne surpasse pas 9, on l'écrit au-dessous de la colonne sur laquelle on opère : si la somme surpasse 9, on n'écrit que les unités et l'on retient les dizaines pour les joindre à la colonne suivante. On continue ainsi jusqu'à la dernière colonne, sous laquelle on écrit le résultat tel qu'on l'a trouvé.

35. Deux questions se présentent ici naturellement.

1° Est-il indispensable d'écrire les nombres de manière que les unités de même ordre soient dans une même colonne verticale? — Non. La chose nécessaire est d'ajouter entre elles les unités d'un même ordre, et c'est pour en faciliter la recherche qu'on les dispose les unes au-dessous des autres. S'il fallait aller les chercher dans des nombres disséminés, on serait fréquemment exposé à se tromper et à réunir des chiffres exprimant des unités d'ordres différents. Il convient donc de suivre la règle que nous avons établie, parce qu'elle offre plus de garanties.

2° Est-il indispensable de commencer l'addition par la droite? — Il y aurait à commencer par la gauche un grave inconvénient. Dans l'exemple précédent, la colonne des mille aurait fourni 9 mille pour somme : lorsque, en additionnant la colonne des centaines, on se serait aperçu qu'elle donne un mille à reporter, on aurait été obligé d'effacer le chiffre 9 pour le remplacer par 10. Une réforme semblable pourrait être nécessaire à chaque colonne, ce qui serait fort incommode.

ARTICLE II.

Soustraction.

36. Un marchand avait dans sa caisse 568 francs; il a payé un mémoire montant à 164 francs. Si l'on

Cours élémentaire d'Arithmétique. 25

veut savoir ce qu'il a encore, il faudra *retrancher* les 164 francs qu'il a payés des 568 francs qu'il possédait. On appelle *soustraction* l'opération par laquelle on retranche ainsi un nombre donné d'un autre nombre donné de la même espèce. Le résultat de la soustraction se nomme *reste*, *excès* ou *différence*.

Il est évident que, si l'on ajoutait à ce que possède encore le marchand les 164 francs qu'il a payés, on formerait les 568 francs qu'il avait d'abord. On pourrait donc définir la soustraction une opération par laquelle on trouve un nombre qui, ajouté à un nombre donné, reproduit un autre nombre donné de la même espèce.

Pour indiquer, d'une manière abrégée, qu'une soustraction doit être effectuée entre deux nombres, on écrit le plus grand, puis le plus petit sur une même ligne horizontale, en les séparant par le signe — qui s'énonce *moins :* ainsi, dans notre exemple, ce qui restera au marchand sera 568 — 164 francs.

37. Quand on doit retrancher un nombre d'un seul chiffre d'un autre nombre d'un seul chiffre, on n'a besoin d'aucune règle. Supposons, par exemple, qu'on veuille ôter 5 de 9. On appliquera les nombres successifs depuis 6 jusqu'à 9 à autant de doigts qu'il sera nécessaire d'en employer, et le nombre de doigts dont on aura dû faire usage sera le reste de la soustraction. On le trouvera de 4 dans l'exemple actuel.

La même méthode s'appliquerait encore si, le nombre à retrancher étant toujours d'un seul chiffre, l'autre nombre était composé d'une dizaine et d'un chiffre d'unités moindre que le nombre à retrancher. C'est ainsi que l'on trouverait 15 — 9 égal à 6.

Ce mécanisme devient, au reste, inutile après quelques exercices. On acquiert bientôt l'habitude de trouver sur le champ et comme de mémoire le résultat de la soustraction dans le cas fort simple qui nous occupe.

38. Avant d'arriver au cas général, nous ferons une remarque fondamentale. Si une personne, ayant 15 francs dans sa poche, dépense 9 francs, il lui en restera 6. Que la même personne reçoive 8 francs, elle possédera 15 + 8 ou 23 francs : qu'elle dépense alors, non pas 9 francs, mais 9 + 8 ou 17 francs : il est clair

qu'il lui restera 6 francs comme dans le premier cas. Ainsi, en ajoutant 8 aux deux nombres 15 et 9, on n'a point altéré leur différence.

Nous admettrons désormais comme évident ce principe :

On ne modifie pas la différence de deux nombres en les augmentant l'un et l'autre d'une même quantité.

39 Proposons-nous maintenant de retrancher 6475 de 49038. Pour plus de commodité, nous écrirons le plus petit nombre sous le plus grand, de manière que les unités soient sous les unités, les dizaines sous les dizaines, et ainsi de suite ; puis nous tirerons un trait au-dessous du plus petit nombre pour le séparer du reste.

$$\begin{array}{r} 49038 \\ 6475 \\ \hline 42563 \end{array}$$

Nous aurons évidemment ôté le nombre 6475 du nombre 49038, si nous ôtons successivement les unités, dizaines, etc. qui composent le premier de ces nombres des unités, dizaines, etc. du second.

En commençant par ôter les unités, nous dirons : de 8 ôtez 5, reste 3. Les autres colonnes ne pouvant fournir que des dizaines, des centaines, des mille et des dizaines de mille, nous sommes sûrs qu'il n'y aura dans le reste que 3 unités simples ; nous les écrivons au rang des unités.

Passant à la colonne des dizaines, nous reconnaissons que les 7 dizaines du plus petit nombre ne peuvent être ôtées des 3 dizaines du plus grand. Nous opérons alors comme si ce plus grand nombre avait 10 dizaines de plus. Nous disons, en conséquence : de 13 ôtez 7, reste 6. Les autres colonnes ne pouvant fournir que des centaines, des mille et des dizaines de mille, nous sommes sûrs qu'il n'y aura dans le reste que 6 dizaines ; nous les écrivons au rang des dizaines.

Nous arrivons à la colonne des centaines. Comme nous venons d'ajouter 10 dizaines au plus grand nombre, nous devons, pour que la différence ne soit pas changée, ajouter également 10 dizaines au plus petit (38) : mais ces 10 dizaines valant une centaine,

Cours élémentaire d'Arithmétique.

nous sommes libres de les remplacer par une centaine qui, avec les 4 centaines du plus petit nombre, formera 5 centaines. Ne pouvant pas les ôter des centaines du plus grand nombre, nous opérons comme si ce dernier en avait 10 de plus. Nous disons, en conséquence : de 10 ôtez 5, reste 5. Les autres colonnes ne pouvant fournir que des mille et des dizaines de mille, nous sommes sûrs qu'il n'y aura dans le reste que 5 centaines; nous les écrivons au rang des centaines.

Pour compenser les 10 centaines que nous venons d'ajouter au plus grand nombre, nous devons en ajouter 10 au plus petit : ces 10 centaines valant 1 mille, nous sommes libres de les remplacer par 1 mille qui, avec les 6 mille du plus petit nombre, formera 7 mille. De 9 ôtez 7, reste 2. La dernière colonne ne pouvant fournir que des dizaines de mille, nous sommes sûrs qu'il n'y aura dans le reste que 2 mille; nous les écrivons au rang des mille.

Enfin, il ne reste rien à ôter du chiffre des dizaines de mille : ce chiffre demeurera donc tout entier dans le reste. Nous l'y plaçons au rang des dizaines de mille.

De cette opération, nous concluons cette règle générale :

Pour soustraire un nombre entier d'un autre, on écrit le plus petit nombre au-dessous du plus grand, de manière que les unités de même ordre se trouvent dans la même colonne verticale; et l'on tire un trait sous le plus petit nombre pour le séparer du résultat. En commençant par la droite, on retranche chaque chiffre inférieur du chiffre qui est au-dessus de lui, si cela est possible : si le chiffre inférieur est plus fort que le chiffre placé au-dessus de lui, on ajoute 10 par la pensée à ce dernier, et l'on a soin d'ajouter 1 au chiffre inférieur appartenant à la colonne suivante. Au-dessous de chaque colonne, on écrit le reste qu'elle a fourni.

40. Trois questions se présentent ici naturellement.

1° Est-il indispensable, en écrivant les nombres, de faire en sorte que les unités de même ordre soient dans une même colonne?

2° Est-il indispensable de commencer la soustraction par la droite?

3° Est-il indispensable d'écrire le plus petit nombre sous le plus grand?

La réponse aux deux premières questions est la même que pour l'addition : c'est pourquoi nous nous dispenserons de la répéter.

Quant à la troisième, il est aisé de voir que l'ordre dans lequel on écrit les deux nombres est indifférent. Si l'on écrivait le plus petit au-dessus du plus grand, il n'y aurait rien à changer à la manière d'opérer, si ce n'est que tout ce qui se rapporte, dans notre règle générale, aux chiffres inférieurs, s'appliquerait aux chiffres supérieurs.

ARTICLE III.

Preuves de l'addition et de la soustraction.

41. On appelle *preuve* d'une opération une nouvelle opération que l'on fait pour s'assurer que la première a été bien exécutée.

42. Trois moyens sont indiqués pour faire la preuve de l'addition.

Premier moyen. On recommence l'addition, mais dans un ordre inverse, c'est-à-dire en comptant les chiffres de chaque colonne de bas en haut, au lieu de les compter de haut en bas. Si l'on a bien opéré, *dans le premier cas et dans le second*, on doit retrouver le même total.

Deuxième moyen. On additionne tous les nombres, à l'exception de l'un d'eux; puis on soustrait le total ainsi formé du total fourni par l'addition dont on cherche à faire la preuve : le reste doit être le nombre qui a été laissé de côté.

EXEMPLE.

Addition à vérifier.	Addition partielle.	Soustraction.
41592	41592	46284
237	237	42480
3804	651	———
651	———	3804
———	42480	
46284		

Troisième moyen. On recommence l'addition *par*

la gauche; on retranche la somme obtenue pour la première colonne de la partie correspondante du total. On écrit le reste à la suite duquel on abaisse le chiffre suivant du total : on retranche du nombre ainsi formé la somme obtenue pour la deuxième colonne. On continue de la même manière jusqu'à la dernière colonne qui doit donner 0 pour reste, si l'addition a été bien faite.

Pour comprendre ce procédé, appliquons-le à l'exemple ci-dessus.

La colonne des dizaines de mille en renferme 4 qui se retrouvent au total.

La colonne des mille en contient 4. Le total, au lieu de 4, en contient 6, c'est-à-dire 2 de plus. Ces 2 mille ne peuvent provenir que des retenues qui ont reflué de la colonne des centaines. Celle-ci a donc nécessairement donné pour somme 22 centaines.

En additionnant les chiffres de la colonne des centaines, je ne trouve que 21, c'est-à-dire 1 centaine de moins que le nombre 22. J'en conclus que cette centaine provient des retenues qui ont reflué de la colonne des dizaines ; que, par conséquent, cette dernière a fourni 18 dizaines.

En additionnant les chiffres de la colonne des dizaines, je trouve pour résultat 17, nombre inférieur d'une dizaine au nombre 18. J'en conclus que cette dizaine provient des retenues qui ont reflué de la colonne des unités ; que, par conséquent, cette dernière a fourni 14 unités.

Ici, 14 doit être exactement le résultat de l'addition des chiffres de la colonne, puisqu'aucune retenue n'a pu venir s'ajouter à la somme des unités pour la modifier.

Voici comment on dispose ordinairement la preuve qui vient d'être développée.

```
    41592
      237
     3804
      651
    -----
    46284
       06
       22
       18
       14
        0
```

30 *Cours élémentaire d'Arithmétique.*

43. Deux moyens sont indiqués pour faire la preuve de la soustraction.

Premier moyen. Ajoutez le reste au plus petit nombre : vous devez retrouver le plus grand nombre (36).

Deuxième moyen. Retranchez le reste du plus grand nombre : vous devez retrouver le plus petit nombre.

44. Deux questions se présentent ici, et elles ne sont pas sans importance.

1° Lorsqu'on a fait la preuve d'une opération, est-on sûr que cette opération a été bien faite ? — La preuve est une opération nouvelle, dans laquelle on peut se tromper aussi bien que dans la première. Il est donc possible qu'une erreur commise d'un côté compense une erreur commise de l'autre, et que la preuve n'indique point l'existence de ces erreurs.

Supposons, par exemple, que dans l'addition ci-dessus on ait obtenu 46384 pour résultat : il y aura erreur pour le chiffre des centaines. Mais si, en employant le deuxième moyen, on se trompe encore dans l'addition partielle et que l'on trouve pour résultat 42580, la soustraction donnera pour reste 3804.

Par le succès d'une preuve, on ne peut donc pas être sûr que l'on a bien opéré ; cela est seulement fort probable.

2° Quand la preuve d'une opération annonce que cette opération a été mal faite, est-on sûr qu'elle l'ait été véritablement ? — La preuve annonce uniquement qu'il y a eu erreur quelque part ; mais l'erreur peut avoir été commise dans la preuve elle-même aussi bien que dans l'opération première.

ARTICLE IV.

Multiplication.

45. *Définition.* Une étoffe se vend à raison de 5 francs le mètre : combien coûtent 6 mètres de cette étoffe ? Pour le savoir, il faut évidemment répéter 5 francs 6 fois.

Une étoffe se vend à raison de 5 francs le mètre : combien coûtent $\frac{3}{8}$ de mètre de cette étoffe ? Il est clair que $\frac{3}{8}$ de mètre coûtent les $\frac{3}{8}$ de ce que coûte un mètre : il faut donc ici prendre les $\frac{3}{8}$ de 5 francs.

Les deux questions que nous venons de nous proposer conduisent ainsi à deux opérations qui paraissent bien différentes. Ces deux questions pourtant se ressemblent tellement qu'on devait s'attendre à les voir se résoudre par des opérations analogues, pour ne pas dire identiques. On est donc porté à croire que la différence de celles qui se sont présentées n'est qu'apparente. Un peu de réflexion nous convaincra bientôt qu'effectivement ces deux opérations rentrent l'une dans l'autre, et sont comprises dans une même définition.

Dans la première, on doit répéter 5 francs 6 fois. Or on a formé le nombre 6 en répétant l'unité 6 fois. Répéter 5 francs 6 fois, c'est donc faire sur 5 francs ce que l'on a fait sur l'unité pour obtenir le nombre 6.

Dans la seconde, on doit prendre les $\frac{3}{8}$ de 5 francs.

Or on a formé le nombre $\frac{3}{8}$ en prenant les $\frac{3}{8}$ de l'unité.

Prendre les $\frac{3}{8}$ de 5 francs, c'est donc faire sur 5 francs ce que l'on a fait sur l'unité pour obtenir le nombre $\frac{3}{8}$.

Ainsi les deux opérations reviennent à faire sur 5 francs ce que l'on a fait sur l'unité pour obtenir un nombre donné (6 dans la première, $\frac{3}{8}$ dans la seconde).

C'est l'objet de la *multiplication*.

La multiplication est une opération dans laquelle on fait sur un nombre donné, appelé *multiplicande*, ce ce que l'on a fait sur l'unité pour obtenir un autre nombre donné, appelé *multiplicateur*. Le résultat de la multiplication se nomme *produit*: le multiplicande et le multiplicateur se nomment *facteurs* du produit.

Pour indiquer, d'une manière abrégée, que deux nombres doivent être multipliés l'un par l'autre, on les écrit sur une même ligne horizontale, en les séparant par le signe ×, qui s'énonce *multiplié par* ou *qui multiplie*. Souvent, on remplace le signe × par un simple point qui s'énonce de la même manière. Ainsi, le prix de 5 mètres d'étoffe à 6 francs le mètre sera 5 × 6 ou 5. 6 francs.

46. *Conséquences immédiates de la définition.* Multiplier un nombre par 2, 3, 4..., c'est faire sur lui ce que l'on a fait sur l'unité pour obtenir 2, 3, 4... Or on a, pour obtenir 2, 3, 4..., répété l'unité 2, 3, 4... fois. Donc multiplier un nombre par 2, 3, 4..., c'est le répéter 2, 3, 4... fois. Ainsi, *quand le multiplicateur est un nombre entier*, la multiplication revient à répéter le multiplicande autant de fois que le multiplicateur contient d'unités.

On peut dire encore que l'on a formé 2, 3, 4..., en prenant des quantités 2, 3, 4... fois plus grandes que l'unité. Donc, *quand le multiplicateur est un nombre entier*, la multiplication revient à transformer le multiplicande en un nombre autant de fois plus grand qu'il y a d'unités dans le multiplicateur.

Que l'on ait un nombre à multiplier par $\frac{5}{7}$, il faudra faire sur lui ce que l'on a fait sur l'unité pour obtenir $\frac{5}{7}$; or on a, pour obtenir $\frac{5}{7}$, pris les $\frac{5}{7}$ de l'unité; donc on devra prendre les $\frac{5}{7}$ du multiplicande. On voit donc, et il importe de ne pas l'oublier, que, *lorsque le multiplicateur est une fraction*, le produit est *nécessairement* moindre que le multiplicande.

Nous ne nous occuperons, quant à présent, que du cas où les deux facteurs du produit sont des nombres entiers.

47. *Nature des unités du produit.* Répétez 5 francs 2, 3, 4... fois, vous ne ferez qu'ajouter des francs à d'autres francs. Le résultat sera donc un nombre de francs. Ainsi, *le produit est toujours composé d'unités de même nature que celles qui entrent dans le multiplicande.*

Quant au multiplicateur, on ne s'en sert que pour savoir combien il contient d'unités et, par suite, combien de fois on doit répéter le multiplicande : la nature

Cours élémentaire d'Arithmétique. 33

des unités qu'il représente n'influe donc en rien sur le produit ; en d'autres termes, il doit toujours être considéré comme un nombre abstrait.

48. *Multiplication par* 10, 100, 1000, *etc.* On a vu (46) que multiplier un nombre par 10, 100, 1000, etc., c'est le transformer en un autre nombre 10, 100, 1000 fois plus grand. D'après les principes de la numération, il suffira pour cela d'écrire à la droite du nombre donné 1, 2, 3 zéros (28).

49. *La multiplication n'est qu'une addition abrégée.* Dans les cas où le multiplicateur est un nombre entier, on pourrait faire la multiplication par une addition. Que l'on ait, par exemple, 634 à multiplier par 5; comme cela revient à répéter 5 fois le nombre 634, on y parviendra en écrivant sur 5 lignes le nombre 634, et en ajoutant ces 5 lignes.

$$\begin{array}{r} 634 \\ 634 \\ 634 \\ 634 \\ 634 \\ \hline 3170 \end{array}$$

Mais cette méthode serait fort longue, surtout si le multiplicateur était considérable. Aussi, le but que l'on se propose, en faisant de la multiplication une opération distincte, est-il de l'abréger.

50. *Cas où le multiplicande est terminé par des zéros.* Une première abréviation se présente, quand le multiplicande est terminé par des zéros. Que j'aie, par exemple, 63400 à multiplier par 5, j'observerai que, le multiplicande étant composé de 634 *centaines*, le produit sera composé de *centaines*, puisqu'il doit être formé d'unités de même nature que celles du multiplicande (47). Le nombre de centaines du produit sera 634 × 5 ou 3170. Pour exprimer que 3170 représente des *centaines*, il n'y a qu'à écrire à la droite de ce nombre deux zéros. Le produit est donc 317000. Ainsi, *quand le multiplicande est terminé par des zéros, on opère comme s'ils n'existaient pas, et on les rétablit à la droite du produit.*

51. *Principe des multiplications successives.* Un

principe fort simple sera fécond en abréviations de ce genre : c'est ce qui nous engage à en placer ici l'énoncé et la preuve.

Supposons que l'on multiplie un nombre 35 par 4, que l'on multiplie ensuite le produit par un nouveau nombre 3 : on exprime cette double opération, en disant que l'on multiplie *successivement* 35 par 4 et par 3. Le principe que nous avons en vue consiste en ce que ces multiplications successives fournissent un produit égal à celui que l'on aurait obtenu en multipliant 35 par 12, nombre qui est le produit de 4 par 3.

Pour le prouver, observons que multiplier 35 par 12, c'est répéter 12 fois 35. Or on effectuerait cette répétition en faisant une colonne de 12 lignes contenant chacune le nombre 35, et en additionnant cette colonne. Disposons l'opération de cette manière.

$$\left.\begin{array}{c}35\\35\\35\\35\end{array}\right\} 35 \times 4$$

$$\left.\begin{array}{c}35\\35\\35\\35\end{array}\right\} 35 \times 4$$

$$\left.\begin{array}{c}35\\35\\35\\35\end{array}\right\} 35 \times 4$$

$$35 \times 12 = 35 \times 4 \times 3$$

En prenant la colonne tout entière, nous obtiendrons toujours le même résultat, dans quelque ordre que nous combinions les nombres qui la composent. Or, au lieu de la prendre tout d'un coup, nous pouvons la partager en trois colonnes de quatre lignes chacune; l'une de ces colonnes partielles vaudra 35×4, et, puisqu'il y en a trois, leur ensemble vaudra 35×4 répété 3 fois. Donc la colonne entière ou 35×12 est exactement la même chose que 35×4 répété 3 fois. Ce qu'il fallait démontrer.

Concluons donc que l'*on peut multiplier un nombre par un produit de deux facteurs, en le multipliant successivement par chacun des deux facteurs.*

52. *Cas où le multiplicateur est terminé par des zéros.* La première application de ce principe se rencontre lorsque le multiplicateur est terminé par des zéros. Soit, par exemple, 634 à multiplier par 5000. Le nombre 5000 est le produit de 5 par 1000 (48) : donc on multipliera 634 par 5000, en le multipliant

Cours élémentaire d'Arithmétique. 35

par 5, et en multipliant le produit par 1000. La première multiplication conduit à 3170 (49) : on multipliera ce résultat par 1000 en écrivant trois zéros à sa droite, ce qui fournira pour le produit total 3170000. Donc, *si le multiplicateur est terminé par des zéros, on peut opérer comme si ces zéros n'existaient pas, et les rétablir à la droite du produit.*

53. *Cas où les deux facteurs sont terminés par des zéros.* Soit maintenant 63400 à multiplier par 5000. On a vu (50) qu'il suffirait de multiplier 634 par 5000, et d'ajouter au produit les deux zéros qui existent à la droite de 63400. Mais, pour multiplier 634 par 5000, il suffit (52) de multiplier 634 par 5, et d'ajouter trois zéros au produit. Donc, en résumé, il faut multiplier 634 par 5, et ajouter au produit 1° trois zéros qui se trouvaient à la droite de 5000 ; 2° deux autres zéros qui se trouvaient à la droite de 634 ; en sorte que le produit sera 317000000. Concluons de là que, *si le multiplicande et le multiplicateur se terminent l'un et l'autre par des zéros, on doit opérer comme si les zéros n'existaient pas, et ajouter au produit autant de zéros qu'il y en avait au multiplicande, plus autant qu'il y en avait au multiplicateur.*

54. Il résulte de ce que nous venons de voir que toute multiplication de facteurs terminés par des zéros se ramène à une multiplication plus simple. Il reste à chercher maintenant des méthodes pour multiplier les nombres entiers les uns par les autres, quand les facteurs sont terminés par des chiffres significatifs.

Ces sortes de multiplications nous offrirons trois cas, savoir :

1° Le cas où les facteurs sont tous les deux formés d'un seul chiffre ;

2° Le cas où le multiplicande ayant plusieurs chiffres, le multiplicateur n'en a qu'un ;

3° Le cas où les facteurs sont tous les deux formés de plusieurs chiffres.

55. *Premier cas.* Dans le premier cas, on trouve le produit au moyen d'un tableau nommé *table de multiplication* ou *table de Pythagore*.

Cours élémentaire d'Arithmétique.

TABLE DE MULTIPLICATION.

	1	2	3	4	5	6	7	8	9
1re ligne horizontale.	1	2	3	4	5	6	7	8	9
2e idem.	2	4	6	8	10	12	14	16	18
3e idem.	3	6	9	12	15	18	21	24	27
4e idem	4	8	12	16	20	24	28	32	36
5e idem.	5	10	15	20	25	30	35	40	45
6e idem.	6	12	18	24	30	36	42	48	54
7e idem.	7	14	21	28	35	42	49	56	63
8e idem.	8	16	24	32	40	48	56	64	72
9e idem.	9	18	27	36	45	54	63	72	81

Pour former cette table, on écrit les neuf premiers nombres sur une ligne horizontale. Dans une deuxième ligne horizontale, on écrit au-dessous de chaque nombre le résultat que l'on obtient en ajoutant ce nombre à lui-même : ainsi, au-dessous de 8, se trouve écrit le nombre 16, que l'on a formé en ajoutant 8 avec 8. La deuxième ligne contient ainsi les nombres de la première répétés deux fois. Dans une troisième ligne, on écrit au-dessous de chacun des nombres de la deuxième le résultat que l'on obtient en ajoutant ce nombre avec le nombre correspondant de la première ligne : ainsi, au-dessous de 16 se trouve écrit le nombre 24 que l'on a obtenu en ajoutant 16 avec 8. La troisième ligne contient ainsi les nombres de la première répétés 3 fois. Dans une quatrième ligne, on écrit au-dessous de chacun des nombres de la troisième le résultat que l'on obtient en ajoutant ce nombre au nombre correspondant de la première ligne : ainsi, au-dessous de 21 se trouve écrit le nombre 28 que l'on a obtenu en ajoutant 21 avec 7. La quatrième ligne contient ainsi les nombres de la première répétés 4 fois. On continue de même jusqu'à

Cours élémentaire d'Arithmétique. 37

la neuvième ligne qui contiendra les nombres de la première répétés 9 fois.

Cela posé, soit 7 à multiplier par 6. Je prends sur la première ligne horizontale le multiplicande 7 : je descends dans la colonne verticale en tête de laquelle il se trouve, jusqu'à ce que j'arrive à la sixième ligne horizontale que je reconnais aisément, parce qu'elle commence par 6. A cet endroit, je trouve le nombre 42 qui est le produit cherché; car, d'après la construction de la table, 42 est égal à 7 répété 6 fois.

L'emploi de la table de multiplication devient inutile après quelques exercices. On sait bientôt par cœur les résultats de ces opérations simples. Nous regardons comme un temps à peu près perdu celui que l'on consacre à les faire entrer forcément dans la mémoire des enfants. Faites opérer souvent, la table sous les yeux : l'élève les apprendra avec moins de labeur et d'ennui ; en outre, il les retiendra d'une manière beaucoup plus tenace (*a*).

56. *Deuxième cas.* Soit, en second lieu, 639 à multiplier par 7. Répéter 7 fois 639, tel est le but. Il sera atteint si, répétant 7 fois les centaines, les dizaines et les unités de 639, nous réunissons tous les résultats en un seul.

En commençant par répéter 7 fois les unités, nous dirons : 7 fois 9 font 63, ou 6 dizaines et 3 unités. Les autres produits ne pouvant fournir que des dizaines et des centaines, nous sommes sûrs qu'il n'y

```
 639
   7
————
4473
```
aura que 3 unités au produit total ; nous les écrivons au rang des unités. Quant aux 6 dizaines, nous les retenons pour les ajouter aux autres dizaines que fournira le reste de l'opération.

(*a*) J'ai remarqué souvent que les produits dont 9 est l'un des facteurs se gravent dans la mémoire plus difficilement que les autres ; c'est ce qui m'engage à consigner ici un moyen de les retenir avec la plus grande facilité. Tout produit dont 9 est un facteur se compose de deux chiffres : le chiffre des dizaines est égal au second facteur diminué d'une unité ; le chiffre des unités est l'excès de 9 sur le chiffre des dizaines. Soit, par exemple, 9 à multiplier par 7 : le chiffre des dizaines sera 7 — 1 ou 6, et celui des unités, 9 — 6 ou 3 ; en sorte que le produit sera 63.

Passant aux dizaines, nous dirons : 7 fois 3 dizaines font 21 dizaines, et 6 de retenues font 27 ; résultat qui équivaut à 7 dizaines et 2 centaines. Comme le troisième produit partiel ne pourra fournir que des centaines, nous sommes sûrs qu'il n'y aura que 7 dizaines au produit total ; nous les écrivons au rang des dizaines. Quant aux deux centaines, nous les retenons pour les ajouter aux centaines que fournira le reste de l'opération.

Arrivés enfin au chiffre des centaines, nous dirons : 7 fois 6 centaines font 42 centaines, et 2 de retenues font 44 ; résultat qui équivaut à 4 centaines et 4 mille. Nous écrivons les 4 centaines au rang des centaines et les 4 mille au rang des mille.

De cette opération, nous concluons la règle suivante :

Pour multiplier un nombre de plusieurs chiffres par un nombre d'un seul, on multiplie le chiffre des unités du multiplicande par le multiplicateur. Si le résultat ne surpasse pas 9, on l'écrit tel qu'on le trouve ; s'il surpasse 9, on n'écrit que les unités, et l'on retient les dizaines. On multiplie ensuite le chiffre des dizaines du multiplicande par le multiplicateur, et l'on ajoute au produit les dizaines retenues précédemment. Si le résultat ne surpasse pas 9, on l'écrit à la gauche du premier résultat déjà posé ; s'il surpasse 9, on n'écrit que les unités, et l'on retient les dizaines. On continue ainsi jusqu'à ce qu'on ait opéré successivement sur tous les chiffres du multiplicande. Arrivé au dernier chiffre, on pose le résultat tel qu'on le trouve.

57. *Troisième cas.* Soit enfin 463 à multiplier par 5029. Répéter 5029 fois 463, voilà le but. Il sera atteint, si nous répétons 463 d'abord 9 fois, puis 20 fois, enfin 5000 fois, et que nous ajoutions les trois résultats. Ainsi, la multiplication proposée se fera par trois multiplications plus simples, et une addition.

Après avoir écrit le multiplicateur sous le multiplicande, nous tirons un trait au-dessous de ces deux nombres, pour les séparer des résultats.

Cours élémentaire d'Arithmétique.

```
                     463
                    5029
1er produit partiel.  4167   463 répété    9 fois.
2e produit partiel.    926   463 répété   20 fois.
3e produit partiel.   2315   463 répété 5000 fois.
                   ───────
   Produit total.  2328427
```

Nous multiplions 463 par 9 d'après la règle relative au deuxième cas, et nous écrivons le produit avec le soin de placer le premier chiffre 7 sous le chiffre 9 par lequel nous multiplions.

Pour répéter le multiplicande 20 fois, on sait (52) qu'il suffit de le multiplier par 2 et d'écrire un zéro sur la droite du résultat. En le multipliant par 2, nous obtenons 926, en sorte que le produit par 20 serait 9260. Mais le zéro n'a d'autre effet que de faire tenir au chiffre 6 le rang des dizaines, au chiffre 2 celui des centaines, et au chiffre 9 celui des mille. Or le même but sera atteint si nous plaçons le produit 926 de telle façon que le premier chiffre 6 soit au-dessous des dizaines du premier produit partiel, ou, ce qui revient au même, au-dessous du chiffre 2 par lequel nous venons de multiplier.

Pareillement, pour répéter le multiplicande 5000 fois, il suffit de le multiplier par 5 et d'écrire trois zéros sur la droite du résultat. En le multipliant par 5, nous obtenons 2315, en sorte que le produit par 5000 serait 2315000. Mais les zéros n'ont pour effet que de faire tenir au chiffre 5 le rang des mille, au chiffre 1 celui des dizaines de mille, etc. Or le même but sera atteint si nous plaçons le produit 2315 de telle façon que le premier chiffre 5 soit au-dessous des mille des deux premiers produits partiels, ou, ce qui revient au même, au-dessous du chiffre 5 par lequel nous venons de multiplier.

Les trois produits partiels, écrits comme ils le sont, contiennent le multiplicande répété 9 fois, 20 fois et 5000 fois. Donc leur somme 2328427 le contiendra 5029 fois.

De là, nous concluons cette règle générale :

Pour multiplier deux nombres entiers l'un par l'autre, écrivez le multiplicateur au-dessous du multiplicande, puis tirez sous le multiplicateur un trait pour le séparer des résultats. Ensuite, multipliez tout le multiplicande par chacun des chiffres du multiplicateur, en ayant soin d'écrire le premier chiffre de chacun des produits partiels que vous obtiendrez ainsi sous le chiffre du multiplicateur qui fournira ce produit; tirez un trait au-dessous du dernier produit partiel, et additionnez tous ces produits.

58. La théorie de la multiplication nous conduit à une question que nous nous sommes faite relativement aux deux opérations précédentes : est-il nécessaire de commencer la multiplication par la droite?

Pour y répondre, nous distinguerons deux cas.

1° S'agit-il de multiplier un nombre de plusieurs chiffres par un nombre d'un seul? Il faudra commencer par la droite, parce que le produit d'un chiffre du multiplicande, autre que celui des unités, par le multiplicateur doit presque toujours être augmenté de retenues provenant du produit fourni par le chiffre qui est à sa droite. Si donc on avait commencé par la gauche, on se trouverait obligé d'effacer les chiffres déjà posés au produit, pour y ajouter les unités de même espèce dont l'existence se manifesterait plus tard.

2° S'agit-il de multiplier un nombre de plusieurs chiffres par un autre nombre de plusieurs? L'opération s'exécute par des multiplications partielles, dans chacune desquelles le multiplicateur n'est qu'un chiffre du multiplicateur total. Chacune de ces multiplications partielles doit, comme on vient de le voir, être faite en prenant les chiffres du multiplicande de droite à gauche. Mais il est tout-à-fait indifférent qu'on les exécute, en prenant pour multiplicateurs les chiffres du multiplicateur total dans un ordre ou dans un autre, pourvu qu'on les prenne tous, et que l'on ait soin de placer toujours le premier chiffre de chaque produit partiel sous le chiffre par lequel on multiplie. En voici un exemple :

Cours élémentaire d'Arithmétique.

De droite à gauche.	De gauche à droite.		Ordre arbitraire.
627	627		627
385	385		385
3135	1881	1° par 8	5016
5016	5016	2° par 5	1881
1881	3135	3° par 5	3135
241395	241395		241395

59. En jetant les yeux sur la table de Pythagore, on est frappé de cette circonstance que le produit de deux nombres ne change pas de valeur, quel que soit celui des deux nombres que l'on prenne pour multiplicande. Ainsi 3×5 valent 15, aussi bien que 5×3. Cette circonstance ne se réalise pas seulement pour les nombres consignés dans la table; elle tient à la nature même de la multiplication, et s'applique à tous les exemples possibles : c'est ce que prouve le raisonnement qui suit.

Soit 12 à multiplier par 7 : je dis que le produit sera égal à celui de 7 par 12. En effet, pour répéter 7 fois le nombre 12, on pourrait écrire 12 unités sur une ligne, et former 7 lignes pareilles à la première; toutes les unités du tableau ainsi dressé constitueraient bien 7 fois 12.

1 1 1 1 1 1 1 1 1 1 1 1
1 1 1 1 1 1 1 1 1 1 1 1
1 1 1 1 1 1 1 1 1 1 1 1
1 1 1 1 1 1 1 1 1 1 1 1
1 1 1 1 1 1 1 1 1 1 1 1
1 1 1 1 1 1 1 1 1 1 1 1
1 1 1 1 1 1 1 1 1 1 1 1

Mais si, au lieu de compter par lignes horizontales, on compte par colonnes verticales, chaque colonne contiendra 7 unités, et, comme il y a 12 colonnes, le tableau tout entier formera 7 répété 12 fois.

Ainsi, d'une part, toutes les unités du tableau valent 12×7; de l'autre part, elles valent 7×12 : ces deux produits sont donc égaux.

Il ne sera pas hors de propos de rappeler ici que le produit est toujours de la nature du multiplicande, et le multiplicateur toujours abstrait (47). En conséquence, ce qui ne change pas, lorsqu'on prend le multiplicateur pour multiplicande, c'est la valeur abstraite du produit ; mais la nature des unités qu'il exprime est liée à celle du facteur pris pour multiplicande.

60. Observons encore les changements qu'éprouve un produit lorsqu'on rend un des facteurs 2, 3, 4 fois plus grand ou plus petit.

1° Soit le produit 5×6 ou 30. Si je multiplie le facteur 6 par 2, le produit deviendra 5×12. Mais on sait que multiplier 5 par 12 revient à multiplier 5 par 6 et le produit par 2 (51) ; en sorte que le résultat sera égal à 30×2. Ainsi l'on a rendu le produit 2 fois plus grand, en rendant le multiplicateur seul 2 fois plus grand.

2° Si l'on avait le produit 5×12, et qu'on rendît 2 fois moindre le facteur 12, on réduirait ce produit à 5×6. Or, pour revenir de ce dernier à 5×12, il faudrait rendre le multiplicateur 6 deux fois plus grand ; ce qui rendrait le produit lui-même 2 fois plus grand. Donc, en rendant le multiplicateur 12 deux fois plus petit, on avait rendu le produit 2 fois plus petit.

3° Si, dans le produit 5×6, on rend le facteur 5 deux fois plus grand, on aura 10×6. Mais les deux produits 5×6, 10×6, sont respectivement égaux à 6×5, 6×10 (59), et ce dernier est double de l'autre, comme on vient de le démontrer. Donc on rend un produit 2 fois plus grand, en rendant le multiplicande 2 fois plus grand.

4° On verrait de même qu'un produit devient 2 fois moindre, si l'on rend le multiplicande 2 fois moindre.

61. *Preuve de la multiplication.* Les notions précédentes fournissent deux moyens de faire la preuve d'une multiplication.

1° Recommencez l'opération en prenant le multiplicande pour multiplicateur et le multiplicateur pour multiplicande : vous devrez trouver le même produit.

2° Doublez l'un des facteurs et réduisez l'autre à moitié : vous aurez rendu le produit tout-à-la-fois deux fois plus grand et deux fois moindre, en sorte

Cours élémentaire d'Arithmétique. 43

qu'il n'aura pas changé. — Si vous ne pouvez point prendre exactement la moitié de l'un des facteurs, prenez-en le tiers, le cinquième, et vous rendrez alors l'autre facteur trois ou cinq fois plus grand.

VOICI DES EXEMPLES.

Opérations.		Preuves.
524	1/2 du multiplicande.	262
63	2 fois le multiplicateur.	126
1572		1572
3144		524
33012		262
		33012
243	3 fois le multiplicande.	729
75	1/3 du multiplicateur.	25
1215		3645
1701		1458
18225		18225

ARTICLE III.

Division.

62. On a payé 444 francs pour 37 kilogrammes de marchandise; quel est le prix d'un kilogramme? — Si je connaissais le prix d'un kilogramme, en le répétant 37 fois, j'aurais le prix de 37 kilogrammes, c'est-à-dire 444 francs. Ainsi 444 francs est un produit: le prix d'un kilogramme de marchandise est le multiplicande et 37 le multiplicateur.

On veut copier un livre de 354 pages; on ne peut en copier que 6 pages chaque jour : en combien de jours aura-t-on copié le tout ? — Si je connaissais le nombre de jours, en répétant 6 pages autant de fois qu'il y a d'unités dans ce nombre de jours, j'aurais le nombre de pages qui composent la totalité de l'ouvrage, c'est-à-dire 354 pages. Ainsi 354 pages est un produit; le nombre de jours cherché est le multiplicateur et 6 pages le multiplicande.

Dans ces deux questions, on donne un produit et l'un de ses facteurs; il s'agit de trouver l'autre facteur.

44   *Cours élémentaire d'Arithmétique.*

L'opération par laquelle on y parvient reçoit le nom de *division*.

Ainsi la *division* est une opération par laquelle on trouve l'un des facteurs d'un produit, ce produit étant donné ainsi que l'autre facteur. Le produit donné se nomme *dividende*, le facteur donné *diviseur*, et le facteur inconnu *quotient*.

D'où il suit que *le diviseur multiplié par le quotient doit reproduire le dividende.*

Pour indiquer, d'une manière abrégée, que deux nombres doivent être divisés l'un par l'autre, on écrit le dividende, puis le diviseur, en les séparant par le signe : qui s'énonce *divisé par*. Ainsi le prix du kilogramme de marchandise, dans notre premier exemple, sera 444 : 37 francs.

Souvent encore, on écrit le diviseur au-dessous du dividende en les séparant par un trait. Ainsi, l'on peut écrire $\frac{444}{37}$, au lieu de 444 : 37.

63. Puisque le dividende est un produit, il exprime nécessairement des unités de même nature que celles qu'exprimait le multiplicande (47). Si donc le dividende et le diviseur ne représentent pas des unités de même espèce, le quotient représentera des unités de même nature que le dividende. C'est ce qui arrivait dans notre premier exemple. Si le dividende et le diviseur sont de même nature, comme dans notre second exemple, la question peut seule faire connaître la nature des unités du quotient.

64. Diviser un nombre par 2, 3 ou 4, c'est chercher un quotient qui, multiplié par 2, 3 ou 4, reproduise le nombre donné. Or, en multipliant le quotient par 2, 3 ou 4, on obtient un résultat 2, 3 ou 4 fois plus grand que ce quotient (46). Le dividende est donc 2, 3 ou 4 fois plus grand que le quotient, ou bien le quotient 2, 3 ou 4 fois plus petit que le dividende. Ainsi, *lorsque le diviseur est un nombre entier*, la division revient à rendre le dividende autant de fois plus petit qu'il y a d'unités dans le diviseur.

65. Il ne sera pas inutile de remarquer ici qu'un nombre peut fort bien être divisé par un autre nombre beaucoup plus grand que lui. Par exemple, diviser 1

Cours élémentaire d'Arithmétique. 45

par 16, c'est chercher un nombre 16 fois plus petit que 1 : ce nombre est évidemment la fraction $\frac{1}{16}$. Pareillement, diviser 3 par 16, c'est chercher un nombre 16 fois plus petit que 3 : or $\frac{1}{16}$ est 16 fois plus petit que 1 ; donc $\frac{3}{16}$ seront 16 fois plus petits que 3. Le quotient est donc alors égal à $\frac{3}{16}$.

On voit ainsi que *toute fraction peut être considérée comme le quotient de son numérateur par son dénominateur*. C'est ce qui justifie la seconde manière indiquée plus haut (62) pour annoncer une division à effectuer entre deux nombres.

66. Mais, dans tout cet article, il s'agira de divisions où le dividende sera plus grand que le diviseur. En pareil cas, le quotient ne peut jamais être une fraction; car le dividende est un produit ; le diviseur peut être considéré comme le multiplicande, et le quotient comme le multiplicateur (59) ; si donc le quotient était une fraction, le dividende serait moindre que le diviseur (46).

Remarquons toutefois que ce raisonnement ne prouve pas que le quotient soit un nombre entier ; car s'il n'est pas une fraction, le quotient peut être ou un nombre entier, ou un nombre fractionnaire (5).

Que, par exemple, on ait à diviser 36 par 9; le quotient sera le nombre 4, puisque 9 × 4 donne 36. Si l'on avait 40 à diviser encore par 9, le quotient surpasserait 4, puisque 9 × 4 ne donne que 36; mais il serait moindre que 5, puisque 9 × 5 donne 45. Compris entre 4 et 5, il se composerait nécessairement de 4 et d'une fraction.

Dans tous les cas où le quotient d'un nombre entier par un autre est un nombre entier, on dit que *le dividende est exactement divisible par le diviseur*, ou bien encore que *le dividende est un multiple du diviseur*.

67. Dire que le quotient de 36 par 9 est 4, c'est dire que 9 multiplié par 4 reproduit 36. Or, multiplier

46   *Cours élémentaire d'Arithmétique.*

9 par 4, c'est répéter 4 fois 9. Donc le dividende 36 contient 4 fois le diviseur 9. On peut donc dire, *lorsque le dividende est exactement divisible par le diviseur,* que la division revient à chercher combien de fois le dividende contient le diviseur.

Dire que le quotient de 40 par 9 est compris entre 4 et 5, c'est dire que 9 répété 4 fois donne un résultat moindre que 40, et que 9 répété 5 fois donne un résultat plus grand que 40. Par conséquent, le dividende 40 contient le diviseur 4 fois et ne le contient pas 5 fois. Ainsi, *lorsque le dividende n'est pas exactement divisible par le diviseur,* la partie entière du quotient est composée d'autant d'unités que le diviseur est contenu de fois dans le dividende.

68. Quels que soient le dividende et le diviseur, il est toujours facile de déterminer le nombre des chiffres du quotient : soit, par exemple, 65475 à diviser par 25. En multipliant 25 par 10000, on obtient pour produit 250000, nombre supérieur au dividende. En multipliant 25 par 1000, on obtient pour produit 25000, nombre inférieur au dividende. Donc, le nombre par lequel il faut multiplier 25 pour reproduire le dividende, nombre qui n'est autre chose que le quotient, est compris entre 10000 et 1000. Il se compose donc de 4 chiffres.

69. On conçoit, d'après cette explication, la possibilité de distinguer, dans la théorie de la division des nombres entiers, les quatre cas suivants :

1° Le diviseur et le quotient sont l'un et l'autre d'un seul chiffre.

2° Le diviseur n'a qu'un chiffre ; le quotient en a plusieurs.

3° Le diviseur a plusieurs chiffres ; le quotient n'en a qu'un.

4° Le diviseur et le quotient ont l'un et l'autre plusieurs chiffres.

70. Dans le premier cas, on trouve le quotient au moyen de la table de Pythagore. Pour cela, on prend le diviseur sur la première ligne horizontale, on descend sur la colonne verticale en tête de laquelle ce diviseur se trouve, jusqu'à ce qu'on rencontre le dividende ; puis on retourne horizontalement jusqu'à la première co-

Cours élémentaire d'Arithmétique. 47

lonne verticale de la table, et le chiffre que l'on trouve sur cette colonne est le quotient.

Soit, par exemple, 72 à diviser par 8. Je prends 8 sur la première ligne de la table; en descendant sur la colonne verticale en tête de laquelle se trouve 8, je rencontre 72; retournant alors à gauche et horizontalement, je tombe sur le chiffre 9 dans la première colonne verticale : 9 est le quotient cherché; car d'après la disposition de la table 8×9 est égal à 72.

71. Si, au lieu de 72, on me donnait 67 à diviser par 8, je ne rencontrerais pas le dividende sur la colonne en tête de laquelle se trouve le diviseur 8; mais j'arriverais seulement à 64, puis à 72. Si le dividende était 64, le quotient serait 8; si le dividende était 72, le quotient serait 9 : le dividende étant compris entre 64 et 72, le quotient l'est entre 8 et 9. Ce quotient se compose donc de 8 unités et d'une fraction.

Pour trouver cette fraction, je remarquerai que le quotient multiplié par le diviseur doit reproduire le dividende. Or la partie entière 8 du quotient multipliée par le diviseur 8 reproduit seulement 64, nombre qui, retranché du dividende 67, fournit le reste 3. La partie fractionnaire doit donc être telle que, multipliée, à son tour, par le diviseur 8, elle reproduise 3 ; en d'autres termes, elle doit être le quotient de 3 par 8, quotient égal, comme on l'a vu (65), à $\frac{3}{8}$.

De là cette règle également applicable à tous les cas de la division :

Quand le dividende n'est pas exactement divisible par le diviseur, après avoir trouvé la partie entière du quotient, on la multiplie par le diviseur et l'on retranche le produit du dividende : pour compléter le quotient, on ajoute à la partie entière déjà trouvée une fraction dont le numérateur est le reste qui vient d'être obtenu et le dénominateur, le diviseur.

Si, au lieu de compléter le quotient par la fraction $\frac{3}{8}$, on se borne à la partie entière 8, ce quotient incomplet multiplié par le diviseur 8 ne reproduira pas le dividende, mais seulement 64. En sorte que, pour obtenir le dividende tout entier, il faudra augmenter 64 ou 8 × 8 de 3. Ainsi, *quand la division mène à un reste, le dividende égale le produit du diviseur par le quotient, plus le reste.*

72. Avant de passer aux autres cas, nous ferons une remarque fort simple, sur laquelle nous appuierons toute notre théorie.

Soit un nombre quelconque, 699, par exemple. Si, faisant abstraction de tous les chiffres, je ne considère que celui des plus hautes unités, j'ai un nombre 600, moindre que le nombre donné. Mais, si j'augmente ce chiffre d'une unité de son ordre, le résultat 700 surpassera le nombre primitif, puisque les dizaines et les unités de celui-ci ne sauraient valoir la centaine par laquelle je viens de les remplacer.

Ainsi, en augmentant d'une unité le chiffre de l'ordre le plus élevé d'un nombre, on obtient un résultat plus grand que ce nombre tout entier, quels que soient d'ailleurs les autres chiffres qui le constituent.

73. Le deuxième cas de la division est celui où, le diviseur ayant un seul chiffre, le quotient en a plusieurs.

Soit, par exemple, 6237 à diviser par 9. On reconnaîtra, comme nous l'avons indiqué précédemment (70), que le quotient doit se composer de trois chiffres ; c'est-à-dire de centaines, de dizaines et d'unités. Le dividende étant le produit du quotient par le diviseur, 6237 contient véritablement trois produits partiels, savoir :

1° Le produit des centaines du quotient par le diviseur 9 ;

2° Le produit des dizaines du quotient par le diviseur 9 ;

3° Le produit des unités du quotient par le diviseur 9.

Si, au lieu d'être confondus en un seul nombre par l'addition, ces trois produits étaient isolés, rien ne serait plus aisé que d'obtenir le quotient : la division de chaque produit partiel par 9, division rentrant dans le premier cas, ferait connaître le chiffre correspondant du quotient total.

Nous ne saurions isoler dès à présent le produit des

unités du quotient par le diviseur : ce produit, en effet, peut se composer uniquement d'unités, mais il peut aussi être composé d'unités et de dizaines, en sorte que nous ne savons pas bien dans quelle partie du dividende il se trouve.

Il n'en est pas de même du produit des centaines de quotient par 9 : ce produit ne saurait être composé que de centaines (47,50); il ne peut donc se trouver que dans les 62 centaines du dividende. A la vérité, ces 62 centaines peuvent contenir, en outre, des retenues provenant des autres produits partiels; mais il est certain qu'elles renferment au moins le produit des centaines du quotient par 9; que, par conséquent, si je les divise par 9, j'obtiendrai un chiffre qui ne pourra pas être inférieur à celui des centaines du quotient. Je puis craindre seulement que le chiffre ainsi obtenu ne soit plus fort que le chiffre des centaines du quotient, à raison des retenues qui se trouvent dans le dividende partiel 62.

Pour dissiper cette crainte, observons que, si le chiffre 6 obtenu par la division de 62 par 9 surpassait le chiffre des centaines du quotient, le nombre 600 serait plus fort que le quotient tout entier (72) : ainsi, en divisant 62 centaines, c'est-à-dire une partie du dividende, par 9, on obtiendrait plus qu'en divisant par 9 la totalité du dividende; ce qui est absurde. Il est donc certain que le chiffre 6 n'est ni plus fort ni plus faible que le chiffre des centaines du quotient.

Maintenant je multiplie 6 par le diviseur 9, ce qui donne 54; et, comme 6 exprime des centaines, 54 centaines forment le premier des trois produits partiels dont le dividende doit se composer. Ce premier produit, je le retranche du dividende. J'obtiens pour reste 837, reste qui doit contenir encore le produit des dizaines du quotient par 9, et le produit des unités du quotient par 9.

En répétant les mêmes raisonnements, je verrai que les 83 dizaines du reste contiennent le produit des dizaines du quotient par 9, et peut être des retenues; que, si je divise 83 par 9, j'obtiendrai un chiffre au moins égal à celui des dizaines du quotient; que ce chiffre ne pourra point être plus fort que celui des dizaines du quotient; que, puisqu'il ne sera ni plus faible ni plus fort, il lui sera égal. Le chiffre 9 ainsi obtenu est donc le chiffre des dizaines du quotient.

Je multiplie 9 par le diviseur 9, ce qui donne 81 ; et, comme 9 exprime des dizaines, 81 dizaines forment le premier des produits partiels dont le reste 837 doit se composer. Ce premier produit, je le retranche de 837 ; j'obtiens pour reste 27, reste qui doit contenir encore le produit des unités du quotient par 9. En conséquence, en divisant 27 par 9, j'obtiendrai le chiffre 3 des unités du quotient.

Le quotient se trouve ainsi égal à 693.

74. Dans la pratique, toutes les fois que le diviseur n'est que d'un seul chiffre, on abrège l'opération ainsi qu'il suit :

Soit à diviser 6237 par 9.

$$\begin{array}{r|l} 6237 & 9 \\ \hline 693 & \end{array}$$

Après avoir fait un trait au-dessous du dividende, on dit : le neuvième de 62 est 6 pour 54 : on écrit 6 au-dessous de 62, et l'on retranche 54 de 62, ce qui fournit le reste 8. A la suite de ce reste, on écrit par la pensée le chiffre suivant 3, ce qui donne 83. Le neuvième de 83 est 9 pour 81 : on écrit 9 à la droite de 6, et l'on retranche 81 de 83, ce qui fournit le reste 2. A la suite de ce reste, on écrit encore par la pensée le chiffre suivant 7, ce qui donne 27. Le neuvième de 27 est 3 : on écrit 3 à la droite de 9.

Autre exemple. Soit 5234214 à diviser par 6.

$$\begin{array}{r|l} 5234214 & 6 \\ \hline 872369 & \end{array}$$

Le sixième de 52 est 8 pour 48, reste 4. Le sixième de 43 est 7 pour 42, reste 1. Le sixième de 14 est 2 pour 12, reste 2. Le sixième de 22 est 3 pour 18, reste 4. Le sixième de 41 est 6 pour 36, reste 5. Le sixième de 54 est 9.

Le quotient est 872369.

75. Le troisième cas de la division des nombres entiers est celui où, le dividende et le diviseur ayant plusieurs chiffres, le quotient n'en a qu'un seul.

Soit, par exemple, 1960 à diviser par 245. Il y aurait un moyen sûr d'arriver à connaître le quotient :

ce serait de multiplier 245 par les nombres successifs 1, 2, 3, 4... On finirait par trouver un produit égal au dividende 1960. Mais, comme on serait exposé par là à faire bien des multiplications en pure perte, il faut tacher d'arriver plus promptement au quotient.

A cet effet, j'observe que le dividende 1960 doit contenir trois produits, savoir :

1° Le produit des 2 centaines du diviseur par le quotient ;

2° Le produit des 4 dizaines du diviseur par le quotient ;

3° Le produit des 5 unités du diviseur par le quotient.

Or le premier de ces produits ne peut être qu'un nombre de centaines (47,50) : donc il ne peut se trouver que dans les 19 centaines du dividende. Si ces 19 centaines ne contenaient pas autre chose que ce produit, en les divisant par 2, j'obtiendrais le quotient ; mais, comme elles peuvent renfermer des retenues provenant des deux autres produits partiels, je suis sûr seulement que, en les divisant par 2, je n'obtiendrai pas moins que le quotient. Cette division me fournit le chiffre 9.

Assuré que le chiffre 9 n'est pas moindre que le quotient, j'ai à vérifier s'il n'est pas plus fort. J'y parviendrai en multipliant le diviseur par 9 ; ce qui me fournit 2205, nombre supérieur au dividende.

Le chiffre 9 étant trop fort, j'essaie 8 en le multipliant le diviseur par 8. J'obtiens ainsi 1960, c'est-à-dire le dividende. J'en conclus que 8 est le véritable quotient.

De cette opération, nous concluons la règle suivante :

Pour faire la division, quand le quotient ne doit avoir qu'un chiffre, séparez à droite du dividende autant de chiffres moins un qu'il y en a dans le diviseur ; divisez ce qui reste à gauche du dividende par le premier chiffre à gauche du diviseur ; multipliez le diviseur tout entier par le chiffre obtenu pour quotient : si le produit ne surpasse pas le dividende, ce chiffre est le quotient : si le produit surpasse le dividende, essayez un nouveau chiffre inférieur d'une unité à celui qui a déjà été essayé : continuez ainsi jusqu'à ce que vous soyez arrivé à un chiffre qui, multiplié par le diviseur, ne reproduise pas plus que le dividende. Ce chiffre sera le quotient.

76. Le quatrième cas est celui où le dividende, le diviseur et le quotient ont tous trois plusieurs chiffres.

Soit, par exemple, 130626 à diviser par 246. On reconnaîtra, comme nous l'avons indiqué précédemment (69), que le quotient doit se composer de trois chiffres; c'est-à-dire de centaines, de dizaines et d'unités. Le dividende étant le produit du diviseur par le quotient, 130626 contient véritablement trois produits partiels, savoir :

1° Le produit des centaines du quotient par 246 ;
2° Le produit des dizaines du quotient par 246 ;
3° Le produit des unités du quotient par 246.

Si, au lieu d'être confondus en un seul nombre par l'addition, ces trois produits étaient isolés, rien ne serait plus aisé que d'obtenir le quotient : la division de chaque produit partiel par 246, division rentrant dans le troisième cas, ferait connaître le chiffre correspondant du quotient total.

Nous ne saurions isoler dès à présent le produit des unités du quotient par le diviseur : ce produit, en effet, peut se composer de trois chiffres seulement, mais il peut en avoir davantage, en sorte que nous ne savons pas bien dans quelle partie du dividende il se trouve.

Il n'en est pas de même du produit des centaines du quotient par 246 : ce produit ne saurait être composé que de centaines (47,50) ; il ne peut donc se trouver que dans les 1306 centaines du dividende. A la vérité, ces 1306 centaines peuvent contenir, en outre, des retenues provenant des autres produits partiels ; mais il est certain qu'elles renferment au moins le produit des centaines du quotient par 246, que, par conséquent, si je les divise par 246, j'obtiendrai un chiffre qui ne pourra pas être inférieur à celui des centaines du quotient. Je puis craindre seulement que le chiffre ainsi obtenu ne soit plus fort que le chiffre des centaines du quotient, à raison des retenues qui se trouvent dans le dividende partiel 1306.

Pour dissiper cette crainte, observons que, si le

Cours élémentaire d'Arithmétique. 53

chiffre 5 obtenu par la division de 1306 par 246, à l'aide de la règle relative au troisième cas (75), surpassait le chiffre des centaines du quotient, le nombre 500 serait plus fort que le quotient tout entier (72) : ainsi, en divisant 1306 centaines, c'est-à-dire une partie du dividende, par 246, on obtiendrait plus qu'en divisant par 246 la totalité du dividende; ce qui est absurde. Il est donc certain que le chiffre 5 n'est ni plus fort ni plus faible que le chiffre des centaines du quotient.

Maintenant, je multiplie 5 par le diviseur 246, ce qui donne 1230; et, comme 5 exprime des centaines, 1230 centaines forment le premier des trois produits partiels dont le dividende doit se composer. Ce premier produit, je le retranche du dividende; j'obtiens pour reste 7626, reste qui doit contenir encore le produit des dizaines du quotient par 246, et le produit des unités du quotient par 246.

En répétant les mêmes raisonnements, je verrai que les 762 dizaines du reste contiennent le produit des dizaines du quotient par 246, et peut-être des retenues; que, si je divise 762 par 246, j'obtiendrai un chiffre au moins égal à celui des dizaines du quotient ; que ce chiffre ne pourra point être plus fort que celui des dizaines du quotient; que, puisqu'il ne sera ni plus faible ni plus fort, il lui sera égal. Le chiffre 3 ainsi obtenu est donc le chiffre des dizaines du quotient.

Je multiplie 3 par le diviseur 246, ce qui donne 738; et, comme 3 exprime des dizaines, 738 dizaines forment le premier des produits partiels dont le reste 7626 doit se composer. Ce premier produit, je le retranche de 7626; j'obtiens pour reste 246, reste qui doit contenir encore le produit des unités du quotient par 246. En conséquence, en divisant 246 par 246, j'obtiendrai le chiffre 1 des unités du quotient.

Le quotient se trouve ainsi égal à 531.

77. Nous allons maintenant indiquer la manière de disposer l'opération dans la pratique. Il est bien entendu que, dans une classe, on devra faire appliquer la théorie à de nombreux exemples, et habituer également les élèves à opérer sans reprendre les raisonnements.

```
130626 | 246     1re division partielle.    2e division.
1230   |̄ 531̄        1306 | 246          762 | 246
────                 1576 |̄ 6̄            738 |̄ 3̄
 762                 1230   5
 738
 ───
 246
 246
 ───
 000
```

Écrivez le diviseur à la droite du dividende, en les séparant par un trait vertical; puis tirez une barre au-dessous du diviseur. Prenez à gauche du dividende un ensemble de chiffres représentant un nombre plus grand que le diviseur; c'est ici 1306. Divisez à part 1306 par 246, en suivant la règle du n° 75 : dans l'exemple actuel, vous devrez diviser 13 par 2, ce qui donne 6; mais, comme, en multipliant 246 par 6, on obtient 1576, nombre plus grand que 1306, vous essaierez le chiffre 5; celui-ci multiplié par 246 fournit 1230, qui ne surpasse plus 1306, en sorte que 5 est le vrai quotient de 1306 par 246. Écrivez ce quotient sous le diviseur dans l'opération totale; écrivez aussi le produit 1230 sous le dividende partiel 1306; tirez une barre au-dessous, et retranchez 1230 de 1306. Le reste est 76.

A la suite de ce reste, écrivez le chiffre suivant du dividende, et divisez à part le nombre 762 ainsi formé par 246, toujours d'après la règle du n° 75 : vous aurez à diviser 7 par 2, ce qui donne 3; et, comme 246 multiplié par 3 fournit 738, nombre moindre que 762, 3 est le vrai quotient de 762 par 246. Écrivez ce nouveau quotient à la suite du chiffre 5 déjà obtenu dans la première partie de l'opération; écrivez aussi le produit 738 sous le dividende partiel 762; tirez une barre au-dessous, et retranchez 738 de 762. Le reste est 24.

A la suite de ce reste, écrivez le chiffre suivant du dividende; vous formez ainsi un nouveau dividende partiel 246, sur lequel vous opérez comme sur les deux précédents; et ainsi de suite, jusqu'à ce que vous ayez abaissé tous les chiffres du dividende, ce qui arrive dès-à-présent dans l'exemple que nous avons choisi.

Cours élémentaire d'Arithmétique. 55

Voici quelques autres exemples.

```
2596044 | 852      1re division.   2e division.    3e division.
2556    | 3047
────                 2596 | 852     4004 | 852      5964 | 852
 4004                2556 |  3      4260 |  5       5964 |  7
 3408                                3408 |  4
 ────
 5964
 5964
 ────
 0000
```

Dans cet exemple, le second dividende partiel est 400. Comme il ne contient pas 852, je mets 0 au quotient. En multipliant 852 par 0, j'aurais 0 pour produit ; par conséquent, le nouveau reste serait 400, à la suite duquel, sans l'écrire de nouveau, j'abaisse le chiffre suivant du dividende.

```
5263272 | 6372     1re division.    2e division.    3e division.
50976   |  826
─────              52632 | 6372     16567 | 6372    38232 | 6372
16567              50976 |   8      12744 |   2     38232 |   6
12744
 ─────
 38232
 38232
 ─────
 00000
```

```
201150  | 675      1re division.    2e division.    3e division.
1350    | 298
────               2011 | 675       6615 | 675      5400 | 675
6615               2025 |  3        6075 |  9       5400 |  8
6075               1350 |  2
────
5400
5400
────
0000
```

Ce dernier exemple donne lieu à deux observations. Dans la deuxième division partielle, on devrait, d'après la règle du n° 75, diviser 66 par 6, ce qui donnerait 11 ; mais il est inutile d'essayer 11 ou 10, puisque le quotient de 6615 par 675 doit être d'un seul chiffre. Dans la troisième division partielle, on devrait diviser 54 par 6, ce qui donnerait 9 ; mais il est également inutile d'essayer le chiffre 9 ; car la division précédente a fait voir que 675 multiplié par 9 fournit 6075, nombre plus grand que 5400.

78. Quand les élèves seront bien familiarisés avec le procédé qui vient d'être exposé, on leur donnera l'habitude de l'abréger de la manière suivante.

Soit 7546572 à diviser par 9027.

Je prends d'abord les cinq premiers chiffres à gauche du dividende, puisque leur ensemble est nécessaire pour contenir le diviseur. Je divise 75465 par 9027, ou plus simplement 75 par 9, d'après la règle du n° 75. J'obtiens 8 pour quotient ; mais, le chiffre 8 pouvant être trop fort, je l'essaie avant de l'écrire. Pour cela, au lieu de multiplier 9027 par 8 et d'écrire le produit sous 75465 pour faire ensuite la soustraction, je dis : 8 fois 7 font 56, de 65, reste 9 et je retiens 6. J'écris 9 sous le dernier chiffre 5 du dividende partiel 75465.

```
7546572 | 9027
 32497  | 836
  54162
   0000
```

Pour comprendre cela, observez qu'en retranchant 56 de 65, j'ai ajouté 60 au chiffre 5 qui termine le dividende partiel et, par conséquent, augmenté ce dividende de 6 dizaines. Mais si j'ai soin d'ajouter également 6 dizaines au produit de 9027 par 8, l'excès du dividende partiel sur ce produit ne sera point modifié (38). Voilà pourquoi je retiens 6 dizaines pour les ajouter tout-à-l'heure aux dizaines du produit.

Je continue : 8 fois 2 font 16, et 6 de retenues font 22, de 26, reste 4 que je pose au-dessous du chiffre 6 du dividende, et je retiens 2 : 8 fois 0 font 0, et 2 de retenues font 2, de 4, reste 2 que je pose au-dessous du chiffre 4 du dividende : 8 fois 9 font 72, de 75, reste 3 que je pose sous 75. Le premier reste est ainsi 3249, et puisque j'ai pu ôter de 75465 le produit de 9027 par 8, j'en conclus que le chiffre 8 n'est pas trop fort. Je l'écris donc au quotient.

A la suite du reste 3249 j'écris le chiffre suivant du dividende ; ce qui me donne un nouveau dividende partiel 32497, sur lequel j'opère comme sur le premier.

Je divise 32 par 9; j'obtiens 3. Pour vérifier ce chiffre avant de l'écrire au quotient, je dis : 3 fois 7

Cours élémentaire d'Arithmétique. 57

font 21, de 27, reste 6 que je pose sous le dernier chiffre du dividende partiel, et je retiens 2 : 3 fois 2 font 6, et 2 de retenues font 8, de 9, reste 1 que je pose à la gauche de 6 : 3 fois 0 font 0, de 4, reste 4 que je pose à la gauche de 1 : 3 fois 9 font 27, de 32, reste 5 que j'écris sous 32. Le second reste est ainsi 5416, et puisque j'ai pu ôter de 32497 le produit de 9027 par 3, j'en conclus que le chiffre 3 n'est pas trop fort : je l'écris donc au quotient, à la suite du chiffre 8 déjà trouvé.

A côté du reste 5416, j'écris le chiffre suivant du dividende ; ce qui me donne un nouveau dividende partiel 54162, sur lequel j'opère comme sur les précédents.

Je divise 54 par 9 ; j'obtiens 6. Pour vérifier ce chiffre avant de l'écrire au quotient, je dis : 6 fois 7 font 42, de 42, reste 0 que je pose sous le dernier chiffre du dividende partiel, et je retiens 4 : 6 fois 2 font 12, et 4 de retenues font 16, de 16, reste 0 que je pose à gauche du premier 0, et je retiens 1 : 6 fois 0 font 0 et 1 de retenue font 1, de 1, reste 0, que j'écris à gauche des deux premiers zéros : 6 fois 9 font 54, de 54, reste 0. Le dernier reste est 0, et, puisque j'ai pu ôter de 54162 le produit de 9027 par 6, j'en conclus que le chiffre 6 n'est pas trop fort : je l'écris donc à la suite des deux chiffres déjà trouvés au quotient.

Soit encore 532 à diviser par 28.

Je prends les deux premiers chiffres à gauche du dividende, puisque leur ensemble contient 28. Je divise 53 par 28, ou simplement 5 par 2 ; j'obtiens 2. Pour vérifier ce chiffre avant de l'écrire au quotient, je dis : 2 fois 8 font 16, de 23, reste 7 que pose sous 3, et je retiens 2 :

```
532 | 28
  7 | 19
252
 00
```

2 fois 2 font 4, et 2 de retenues font 6 que je ne puis pas ôter de 5. Puisque le produit de 28 par 2 ne peut pas être retranché de 53, j'en conclus que le chiffre 2 est trop fort. Par conséquent, le premier chiffre du quotient ne peut être que 1 : 1 fois 8, de 13, reste 5 que j'écris sous 3, en ne faisant plus attention au chiffre 7 qui est devenu inutile, et je retiens 1 : 1 fois 2 et 1 de retenue font 3, de 5, reste 2 que j'écris à gauche de 5.

A la suite du reste 25, j'écris le chiffre 2 du dividende, et je divise 25 par 2. Je trouve 12, mais ce nombre est trop fort, puisque le quotient de 252 par 28 ne peut avoir qu'un seul chiffre. C'est pourquoi je descends à 9 que j'essaie avant de l'écrire : 9 fois 8 font 72, de 72, reste 0 que je pose, et je retiens 7 : 9 fois 2 font 18 et 7 de retenues font 25, de 25, reste 0. Le chiffre 9 n'étant pas trop fort, je l'écris au quotient à la droite du chiffre 1 déjà trouvé.

79. Nous nous ferons sur la division une question semblable à celles que nous nous sommes faites relativement aux autres opérations. Est-il indispensable de commencer la division par la gauche ? La théorie nous a déjà donné la réponse. Quand, par exemple, nous nous sommes proposé de diviser 6237 par 9 (73), nous avons vu qu'on ne saurait isoler tout d'abord le produit des unités du quotient par le diviseur, attendu qu'on ne sait pas si ce produit est composé d'unités seulement ou s'il l'est de dizaines et d'unités : il a donc fallu chercher en premier lieu les centaines du quotient, et, par conséquent, commencer l'opération par la gauche.

80. Examinons encore quels changements subit le quotient, lorsqu'on rend le dividende ou le diviseur 2, 3, 4 fois plus grand ou plus petit.

1° Si l'on rend le dividende 2, 3, 4 fois plus grand ou plus petit, sans changer le diviseur, le quotient est rendu lui-même 2, 3, 4 fois plus grand ou plus petit. En effet, le dividende est le produit du diviseur par le quotient : ce produit devient 2, 3, 4 fois plus grand ou plus petit, et l'un des facteurs (le diviseur) ne change pas : donc l'autre facteur (le quotient) devient par compensation 2, 3, 4 fois plus petit (60).

2° Si l'on rend le diviseur 2, 3, 4 fois plus grand, sans changer le dividende, le quotient devient 2, 3, 4 fois plus petit. Car le produit ne change pas, et pourtant l'un des facteurs (le diviseur) devient 2, 3, 4 fois plus grand : il faut donc que l'autre facteur (le quotient) devienne par compensation 2, 3, 4 fois plus petit (60).

3° On verra de même que, si le diviseur devient 2, 3, 4 fois moindre, sans que le dividende change, le quotient deviendra 2, 3, 4 fois plus grand.

81. Si donc on rend le dividende et le diviseur à la

Cours élémentaire d'Arithmétique. 59

fois 2, 3, 4 fois plus grands ou plus petits, le quotient ne changera pas : car il sera rendu 2, 3, 4 fois plus grand et, en même temps, 2, 3, 4 fois plus petit. Par exemple, le quotient de 12 par 3 est 4; le quotient de 12×2 ou 24 par 3×2 ou 6 est encore 4.

Mais si la division avait conduit à un reste, ce reste subirait un changement, lorsqu'on rendrait le dividende et le diviseur à la fois 2, 3, 4 fois plus grands. Soit, par exemple, 59 à diviser par 8, division qui donne pour quotient 7 et pour reste 3. On sait que 59 équivaut à $8 \times 7 + 3$ (71). Si l'on rend 59 deux fois plus grand, il faudra que $8 \times 7 + 3$ devienne 2 fois plus grand : 8×7 le deviendra, si 8 le devient : par conséquent, pour que le total $8 \times 7 + 3$ le devienne, il faudra que 3, de son côté, devienne 2 fois plus grand.

82. Il suit de là que, si le dividende et le diviseur sont terminés par des zéros, on peut en supprimer un égal nombre à droite de l'un et de l'autre, puisqu'on ne fait ainsi que les rendre un égal nombre de fois plus petits. Par cette suppression, le quotient ne sera pas changé; mais s'il y a un reste, il sera plus petit que le reste véritable, et, pour lui rendre sa valeur, il faudra le faire suivre d'autant de zéros qu'on en aura supprimé à droite du dividende.

ARTICLE VI.

Preuves de la multiplication et de la division.

83. Nous avons déjà donné deux moyens de faire la preuve de la multiplication (61). La division en fournit un meilleur. Divisez le produit par le multiplicande; vous devez obtenir pour quotient le multiplicateur.

84. Pour faire la preuve d'une division, on peut employer deux moyens analogues.

1° Doublez le dividende et le diviseur, puis recommencez la division sur ces deux nombres ainsi doublés, vous devez trouver le même quotient; s'il y a un reste, vous devez trouver un reste double (81).

2° Multipliez le diviseur par le quotient, s'il y a un reste, ajoutez-le au produit que vous aurez obtenu : le total devra égaler le dividende.

CHAPITRE IV.

OPÉRATIONS SUR LES FRACTIONS.

ARTICLE Ier.

Comparaison des fractions.

85. Nous avons déjà, dans ce qui précède, acquis sur les fractions quelques notions qu'il importera de rappeler ici aux enfants, puisqu'il est de la plus haute importance qu'elles soient parfaitement conçues. C'est pourquoi nous donnons l'énumération des passages où ces notions ont été insérées. — Définition d'une fraction (5). — Formation d'une fraction, termes, numérateur, dénominateur (6). — Numération parlée des fractions (18). — Leur numération écrite (30). — Une fraction est un quotient (65).

86. Un père partage la monnaie qu'il a dans sa bourse en huit parties égales; il donne cinq de ces parties à son fils aîné, et le reste à son autre fils. Il est évident que le fils aîné reçoit plus que l'autre. Or la totalité de la monnaie ayant été partagée en huit parties égales, chaque partie en est le huitième; la part de l'aîné en est donc les $\frac{5}{8}$ et celle du cadet les $\frac{3}{8}$. Ainsi les $\frac{5}{8}$ d'une chose sont plus que les $\frac{3}{8}$ de la même chose.

Généralement, *de deux fractions ayant même dénominateur, la plus grande est celle dont le numérateur est le plus grand.* En effet, le dénominateur étant le même, l'unité a été partagée des deux côtés en un même nombre de parties; par conséquent, les parties qui entrent dans l'une des fractions ont même grandeur que celles qui entrent dans la seconde fraction. Mais on forme la fraction qui a le plus grand numérateur en réunissant un plus grand nombre de ces parties, donc cette fraction est la plus grande.

Cours élémentaire d'Arithmétique.

87. Un père qui a trois fils et quatre filles, prend deux bourses contenant la même somme. Il partage le contenu de la première bourse entre ses trois fils, par portions égales. Il partage le contenu de la seconde bourse entre ses quatre filles, par portions égales. Il est évident que la part de chacun des trois fils sera plus grande que celle de chacune des quatre filles. Or chaque fils aura le tiers du contenu de la première bourse, et chaque fille le quart du contenu de la seconde. Ainsi $\frac{1}{3}$ d'une somme d'argent est plus grand que $\frac{1}{4}$ de la même somme.

Généralement, *de deux fractions ayant même numérateur, la plus grande est celle dont le dénominateur est le plus petit.* Car le dénominateur indique en combien de parties égales on a partagé l'unité. Si donc une fraction a un dénominateur plus petit que celui d'une autre, c'est que, pour former cette fraction, l'on a partagé l'unité en un moindre nombre de parties; par conséquent, chacune de ces parties est plus grande. Si, d'ailleurs, les deux fractions ont le même numérateur, c'est que l'on a fait entrer autant de parties dans l'une que dans l'autre; et, puisque ces parties sont plus grandes dans la première fraction, il s'en suit que cette première fraction est plus grande.

88. Une fontaine remplit en 51 minutes un bassin de 2 hectolitres; une autre fontaine remplit en 51 minutes un bassin de 4 hectolitres. Il est évident que la seconde fournit par minute une quantité d'eau double de celle que fournit la première. Or la première fournit par minute $\frac{2}{51}$ et la seconde $\frac{4}{51}$ d'hectolitre. Ainsi les $\frac{4}{51}$ d'une quantité sont le double des $\frac{2}{51}$ de cette quantité.

Généralement, *une fraction devient 2, 3, 4 fois plus grande, lorsque son numérateur devient lui-même 2, 3, 4 fois plus grand, sans que son dénominateur subisse de changement.* Car, de ce que le dénominateur ne change pas, il suit que la grandeur des parties dans lesquelles est partagée l'unité ne change pas : mais, puisque le numérateur devient 2, 3, 4 fois plus grand, on prend 2, 3, 4 fois plus de ces parties pour former la fraction : donc elle devient 2, 3, 4 fois plus grande.

On verra de même qu'*une fraction devient 2, 3, 4 fois moindre, lorsque son numérateur devient lui-même 2, 3, 4 fois moindre, sans que son dénominateur subisse de changement.*

89. Deux ouvriers ont fait 9 mètres d'un même ouvrage, le premier en 10 heures, le second en 20 heures. Il est évident que le second a fait la moitié de ce qu'a fait le premier, dans chaque heure. Or le premier a fait par heure $\frac{9}{10}$ de mètre, et le second $\frac{9}{20}$ de mètre. Ainsi les $\frac{9}{20}$ d'une quantité sont la moitié des $\frac{9}{10}$ de cette quantité.

Généralement, *une fraction devient 2, 3, 4 fois moindre, lorsque son dénominateur devient 2, 3, 4 fois plus grand, sans que son numérateur subisse aucun changement.* Car le dénominateur indique en combien de parties égales l'unité est partagée : le rendre 2, 3, 4 fois plus grand, c'est partager l'unité en 2, 3, 4 fois plus de parties : alors les parties deviennent nécessairement 2, 3, 4 fois moindres. Or on en prend le même nombre pour former la fraction, puisqu'on ne modifie pas le numérateur, donc la fraction devient 2, 3, 4 fois moindre.

On verra de même qu'*une fraction devient 2, 3, 4 fois plus grande, lorsque son dénominateur devient 2, 3, 4 fois moindre, sans que son numérateur subisse aucun changement.*

90. Soit la fraction $\frac{15}{19}$. Si je rends le numérateur 4 fois plus grand, la fraction $\frac{60}{19}$ que j'obtiendrai ainsi sera 4 fois plus grande que $\frac{15}{19}$ (88). Mais si je rends 4 fois plus grand le dénominateur de cette nouvelle fraction, j'en formerai une troisième $\frac{60}{76}$, qui sera 4 fois

Cours élémentaire d'Arithmétique. 63

moindre que $\frac{60}{19}$ (89). Les deux fractions $\frac{15}{19}$ et $\frac{60}{76}$ sont donc l'une et l'autre 4 fois moindres que $\frac{60}{19}$. Donc elles sont égales entre elles. Par conséquent, *en rendant les deux termes d'une fraction $\frac{15}{19}$ un égal nombre de fois plus grands, on forme une nouvelle fraction $\left(\frac{60}{76}\right)$ égale à la première.*

On verra de même qu'*en rendant les deux termes d'une fraction un égal nombre de fois plus petits, on forme une nouvelle fraction égale à la première.*

En d'autres termes, *on ne change pas la valeur d'une fraction, en multipliant ou en divisant les deux termes par un même nombre.*

91. Nous déduirons de ce principe le moyen de comparer deux fractions qui n'ont ni le même numérateur, ni le même dénominateur. Ce moyen consiste à *les réduire au même dénominateur*.

Réduire des fractions au même dénominateur, c'est les transformer en d'autres fractions égales aux fractions primitives et ayant toutes le même dénominateur. Supposons les deux fractions $\frac{5}{7}$ et $\frac{6}{11}$. Pour les réduire au même dénominateur, je multiplie les deux termes de la première par 11, dénominateur de la seconde : par cette opération, je ne change pas la valeur de la fraction $\frac{5}{7}$ (90), et son dénominateur est changé en 7 × 11. Pareillement, je multiplie les deux termes de la seconde par 7 : cette opération ne change pas la valeur de la fraction $\frac{6}{11}$, et son dénominateur devient 11 × 7. Ainsi les nouvelles fractions $\frac{5 \times 11}{7 \times 11}$ et $\frac{6 \times 7}{11 \times 7}$ sont équivalentes à $\frac{5}{7}$ et à $\frac{7}{11}$: elles ont, d'ailleurs, même dénominateur, puisque 7 × 11 est égal à 11 × 7 (59).

Soient encore les fractions $\frac{2}{3}, \frac{5}{8}, \frac{6}{11}$. Je multiplie les deux termes de la fraction $\frac{2}{3}$ par 88, produit des dénominateurs 8 et 11 des deux autres fractions : la fraction $\frac{2}{3}$ n'aura point changé de valeur, et son dénominateur sera devenu 3 × 88. Je multiplie les deux termes de la fraction $\frac{5}{8}$ par 33, produit des dénominateurs 3 et 11 des deux autres fractions : la fraction $\frac{5}{8}$ n'aura point changé de valeur, et son dénominateur sera devenu 8 × 33. Je multiplie les deux termes de la fraction $\frac{6}{11}$ par 24, produit des dénominateurs 3 et 8 des deux autres fractions : la fraction $\frac{6}{11}$ n'aura point changé de valeur, et son dénominateur sera devenu 11 × 24. Ainsi les nouvelles fractions $\frac{2 \times 88}{3 \times 88}$, $\frac{5 \times 33}{8 \times 33}$, $\frac{6 \times 24}{11 \times 24}$ seront équivalentes à $\frac{2}{3}$, $\frac{5}{8}$, $\frac{6}{11}$. Reste à prouver que les dénominateurs 3 × 88, 8 × 33, 11 × 24 sont égaux. — Observons d'abord que 8 × 33 équivaut à 8 × 11 ou 88 répété 3 fois, c'est-à-dire à 88 × 3 (51), produit qui équivaut lui-même à 3 × 88 (59). En second lieu, 11 × 24 équivaut à 11 × 8 ou 88 répété 3 fois, ou à 88 × 3 (51), c'est-à-dire encore à 3 × 88. Donc les trois dénominateurs sont bien égaux entre eux.

De ces exemples, nous concluons la règle suivante :

Pour réduire un nombre quelconque de fractions au même dénominateur, multipliez les deux termes de chacune de ces fractions par le produit des dénominateurs de toutes les autres.

92 Quelquefois, la réduction de plusieurs fractions au même dénominateur se simplifie. En voici des exemples.

Premier cas. L'un des dénominateurs est exactement divisible par tous les autres.

Soient les fractions $\frac{2}{3}, \frac{3}{4}, \frac{5}{6}, \frac{7}{12}$. Le dénominateur 12 est divisible par 3, par 4 et par 6. Je le divise par 3, et je multiplie les deux termes de la fraction $\frac{2}{3}$ par le quotient 4 que j'ai obtenu : cette fraction devient ainsi $\frac{8}{12}$. Elle n'a pas changé de valeur, puisque j'ai multiplié ses deux termes par un même nombre 4 : son dénominateur est devenu 12, puisque je l'ai obtenu en multipliant 3 par 4, et que 4 était le quotient de 12 par 3. Pareillement, je divise 12 par 4, et je multiplie par le quotient 3 les deux termes de la fraction $\frac{3}{4}$, qui devient ainsi $\frac{9}{12}$. Je divise 12 par 6, et je multiplie par le quotient 2 les deux termes de la fraction $\frac{5}{6}$, qui devient ainsi $\frac{10}{12}$. Les quatre fractions sont ainsi réduites au même dénominateur 12, tandis que, par la méthode générale, le dénominateur commun aurait été 864.

Deuxième cas. Quelque dénominateur est exactement divisible par un ou par plusieurs autres.

Soient les fractions $\frac{2}{3}, \frac{5}{9}, \frac{4}{5}, \frac{7}{10}, \frac{11}{20}, \frac{3}{7}$. Aucun dénominateur n'est divisible par tous les autres ; mais 9 l'est par 3 ; 20 l'est par 5 et par 10. Laissant de côté les dénominateurs 3, 5, 10 qui en divisent exactement d'autres, je fais le produit de tous les dénominateurs qui ne présentent pas cette particularité, et qui sont 9, 20, 7 : ce produit est 9 fois 20 ou 180 répété 7 fois, c'est-à-dire 1260. J'opère alors avec 1260 comme j'ai opéré tout à l'heure avec 12, c'est-à-dire que je divise 1260 par 3, afin de multiplier ensuite les deux termes de la fraction $\frac{2}{3}$ par le quotient 420 ; et ainsi pour les autres fractions, qui deviennent :

$$\frac{840}{1260}, \frac{700}{1260}, \frac{1008}{1260}, \frac{882}{1260}, \frac{693}{1260}, \frac{540}{1260}.$$

66 *Cours élémentaire d'Arithmétique.*

Troisième cas. On s'aperçoit qu'un nombre plus petit que le produit des dénominateurs est exactement divisible par chacun d'eux.

Soient les fractions $\frac{2}{3}, \frac{3}{4}, \frac{5}{6}, \frac{4}{5}, \frac{7}{10}$. Aucun dénominateur n'est divisible par tous les autres; seulement 6 est divisible par 3, 10 l'est par 5 : en appliquant la marche du deuxième cas, nous obtiendrons pour dénominateur commun 240. Mais on peut prendre plus simplement 60, car ce nombre est exactement divisible par tous les dénominateurs. La réduction se fait, d'ailleurs, comme précédemment, c'est-à-dire que l'on divise 60 par le dénominateur de chaque fraction, et que l'on multiplie par le quotient les deux termes de la fraction correspondante. Les cinq fractions deviennent ainsi :

$$\frac{30}{60}, \frac{45}{60}, \frac{50}{60}, \frac{36}{60}, \frac{42}{60}.$$

Ce dernier cas demande beaucoup d'habitude. Plus tard, nous tracerons une règle générale pour trouver le plus petit dénominateur qui puisse être donné à plusieurs fractions.

93. Supposons maintenant que l'on demande quelle est la plus grande des fractions $\frac{3}{4}, \frac{5}{7}, \frac{7}{11}$. Je les réduis au même dénominateur d'après la règle générale : elles deviennent $\frac{231}{308}, \frac{220}{308}, \frac{196}{308}$. Je vois alors que $\frac{231}{308}$ ou $\frac{3}{4}$ est la plus grande, et $\frac{196}{308}$ ou $\frac{7}{11}$ la plus petite (86).

94. Nous terminerons cet article par une observation importante, parce qu'elle empêchera une erreur dans laquelle on tombe assez fréquemment.

Soit la fraction $\frac{5}{12}$. Aux deux termes de cette fraction j'ajoute un même nombre, 3 par exemple : j'obtiens ainsi $\frac{8}{15}$. La nouvelle fraction est-elle égale à la première ? — Pour le savoir, réduisons les deux fractions au même dénominateur : nous choisissons 60, qui est divisible par 12 et par 15. Nous obtenons pour fractions transformées $\frac{25}{60}$ et $\frac{32}{60}$. Or $\frac{32}{60}$ surpasse $\frac{25}{60}$: donc $\frac{8}{15}$ surpasse $\frac{5}{12}$. On voit donc qu'*une fraction change de valeur et devient plus grande, lorsque l'on ajoute un même nombre à ses deux termes.*

On peut en voir la raison d'une manière très-facile. L'unité se compose de $\frac{12}{12}$; donc l'unité surpasse la fraction $\frac{5}{12}$ de $\frac{7}{12}$. Pareillement, l'unité, se composant de $\frac{15}{15}$, surpasse de $\frac{7}{15}$ la fraction $\frac{8}{15}$. Les excès $\frac{7}{12}$ et $\frac{7}{15}$ de l'unité sur les deux fractions $\frac{5}{12}$ et $\frac{8}{15}$ ont même numérateur, et cela doit être; car les termes 8 et 15 ont été formés par l'addition du même nombre 3 aux deux termes 5 et 12, en sorte qu'il y a nécessairement la même différence entre 8 et 15 qu'entre 5 et 12 (38). Mais l'excès $\frac{7}{12}$, ayant un dénominateur moindre que celui de l'excès $\frac{7}{15}$, est plus grand (87): donc la fraction $\frac{8}{15}$ diffère moins de l'unité que la fraction $\frac{5}{12}$; donc elle est plus grande.

ARTICLE II.

Des expressions fractionnaires.

95. Pour former une fraction, on partage l'unité en un certain nombre de parties égales, et la réunion d'un certain nombre de ces parties constitue la fraction. Ordinairement, le nombre des parties que l'on prend pour constituer la fraction est moindre que le nombre des parties dans les quelles on a divisé l'unité : en d'autres termes, le numérateur est moindre que le dénominateur. En pareil cas, on a une fraction proprement dite.

68 *Cours élémentaire d'Arithmétique.*

Mais rien n'empêche de former une collection de parties plus nombreuses que ce qu'il faut pour constituer l'unité; ou, en d'autres termes, de prendre un numérateur plus grand que le dénominateur. En pareil cas, on a ce que l'on nomme une *expression fractionnaire*.

Ainsi $\frac{1}{2}, \frac{2}{3}, \frac{3}{4}, \frac{4}{5}$, sont des fractions : $\frac{3}{2}, \frac{4}{3}, \frac{5}{4}, \frac{6}{5}$ sont des expressions fractionnaires.

Il suit évidemment de cette distinction qu'une fraction est moindre que l'unité, tandis qu'une expression fractionnaire est plus grande que l'unité.

96. Dans tous les raisonnements qui ont été faits aux n°⁵ 85, 86, 87, 88, 89, 90, 91, 92, 93, on n'a pas supposé le numérateur moindre que le dénominateur. Tous ces raisonnements et leurs conséquences s'appliquent donc aux expressions fractionnaires, aussi bien qu'aux fractions.

Il n'en est pas de même du principe démontré au n° 94. Si l'on prend l'expression fractionnaire $\frac{12}{5}$ et que l'on augmente ses deux termes d'un même nombre, 3 par exemple, l'expression nouvelle $\frac{15}{8}$ que l'on obtient ainsi est moindre que $\frac{12}{5}$. En effet $\frac{12}{5}$ surpasse l'unité ou $\frac{5}{5}$ de $\frac{7}{5}$: l'expression $\frac{15}{8}$ surpasse l'unité ou $\frac{8}{8}$ de $\frac{7}{8}$. Or $\frac{7}{5}$ est plus grand que $\frac{7}{8}$ (87) : donc l'expression $\frac{12}{5}$ surpasse l'unité d'une quantité plus grande que celle dont $\frac{15}{8}$ surpasse l'unité : donc elle est plus grande. On voit donc qu'*une expression fractionnaire change de valeur et devient moindre, lorsque l'on ajoute un même nombre à ses deux termes.*

97. Soit l'expression fractionnaire $\frac{34}{9}$. Si je divise le numérateur 34 par le dénominateur 9, j'obtiens pour

Cours élémentaire d'Arithmétique.

quotient 3 et pour reste 7. Par conséquent 34 est égal à 9 répété 3 fois $+ 7$ (71). Donc $\frac{34}{9}$ sont égaux à $\frac{9}{9}$ répétés 3 fois $+ \frac{7}{9}$. Mais $\frac{9}{9}$ sont égaux à l'unité ; $\frac{9}{9}$ répétés 3 fois sont donc égaux à 3 unités. Donc $\frac{34}{9}$ valent 3 unités $+ \frac{7}{9}$.

Soit encore l'expression fractionnaire $\frac{69}{13}$. Si je divise 69 par 13, j'obtiens pour quotient 5 et pour reste 4. Par conséquent 69 est égal à 13 répété 5 fois $+ 4$. Donc $\frac{69}{13}$ sont égaux à $\frac{13}{13}$ répétés 5 fois $+ \frac{4}{13}$. Mais $\frac{13}{13}$ sont égaux à l'unité ; $\frac{13}{13}$ répétés 5 fois sont donc égaux à 5 unités. Donc $\frac{69}{13}$ valent 5 unités $+ \frac{4}{13}$.

De ces exemples, nous concluons la règle suivante :

Toute expression fractionnaire équivaut à un nombre fractionnaire (5) *que l'on obtient en divisant le numérateur par le dénominateur : la partie entière du quotient représente l'entier, et le reste est le numérateur de la fraction qui doit être jointe à l'entier ; cette fraction a d'ailleurs le même dénominateur que l'expression primitive.*

98. Réciproquement, un nombre fractionnaire peut toujours être transformé en une expression fractionnaire. Soit, par exemple, le nombre fractionnaire $8\frac{6}{11}$. Comme l'unité vaut $\frac{11}{11}$, 8 unités vaudront 8 fois 11 ou 88 onzièmes. Or il est évident que $\frac{88}{11}$ plus $\frac{6}{11}$ font $\frac{94}{11}$. Donc $8\frac{6}{11}$ valent $\frac{94}{11}$.

Soit encore le nombre fractionnaire $5\frac{3}{7}$. Comme l'unité vaut $\frac{7}{7}$, 5 unités vaudront 5 fois 7 ou 35 septièmes. Or il est évident que $\frac{35}{7}+\frac{3}{7}$ font $\frac{38}{7}$. Donc $5\frac{3}{7}$ valent $\frac{38}{7}$.

De ces exemples, nous concluons la règle suivante :

Pour transformer un nombre fractionnaire en une expression fractionnaire, multipliez l'entier par le dénominateur de la fraction ; ajoutez au produit le numérateur, et donnez à la somme le dénominateur de la fraction.

ARTICLE III.

Addition des fractions.

99. Dans l'addition des fractions, on distingue deux cas ; celui où les fractions ont le même dénominateur, et celui où elles n'ont pas le même dénominateur.

Dans le premier cas, *on ajoute les numérateurs entre eux, et on donne à leur somme le dénominateur commun.* Soient les fractions $\frac{2}{11}, \frac{4}{11}, \frac{7}{11}$: il est évident que leur somme est $\frac{13}{11}$ ou $1\frac{2}{11}$ (97).

Dans le second cas, *on réduit les fractions au même dénominateur ; ensuite on opère comme dans le premier cas.* Soient les fractions $\frac{2}{3}, \frac{3}{4}, \frac{5}{6}$. Comme on ne peut réunir en un seul que des nombres de même espèce, et que j'ai ici des tiers, des quarts et des sixièmes, nombres d'espèces différentes, je dois commencer par les transformer en nombres de même nature. C'est pourquoi je réduis les fractions au même dénominateur 12. Elles deviennent ainsi (92) :

$$\frac{8}{12}, \frac{9}{12}, \frac{10}{12}.$$

Et leur somme est $\frac{27}{12}$ ou $2\frac{3}{12}$ (97).

Cours élémentaire d'Arithmétique.

100. L'addition des nombres fractionnaires peut évidemment se ramener à celle des fractions, puisqu'on peut convertir les nombres fractionnaires en expressions fractionnaires (98).

Soient, par exemple, les nombres $5\frac{2}{3}, 3\frac{4}{5}, 2\frac{1}{2}$. En les transformant en expressions fractionnaires, j'obtiens

$$\frac{17}{3}, \frac{19}{5}, \frac{5}{2}.$$

Ces expressions réduites au même dénominateur deviennent

$$\frac{170}{30}, \frac{114}{30}, \frac{75}{30}.$$

Et leur somme est $\frac{359}{30}$ ou $11\frac{29}{30}$.

101. On peut encore additionner des nombres fractionnaires sans les convertir en expressions fractionnaires.

Soient les mêmes nombres que ci-dessus. Je réduis les fractions au même dénominateur, et je dispose l'opération comme il suit :

$$\left.\begin{array}{cc} 5 & 20 \\ 3 & 24 \\ 2 & 15 \end{array}\right\} \text{30 dénominateur commun.}$$

$$11 \quad \frac{29}{30}$$

C'est-à-dire que je place les entiers les uns sous les autres ; puis les numérateurs des fractions les uns sous les autres, en écrivant à côté le dénominateur commun. J'additionne ensuite les numérateurs ; ce qui donne 59. Par conséquent, les trois fractions valent ensemble $\frac{59}{30}$ ou une unité plus $\frac{29}{30}$: j'écris seulement les $\frac{29}{30}$ et je retiens l'unité pour l'ajouter avec la partie entière du total. J'additionne ensuite les entiers ; ce qui donne 10 ; j'y ajoute l'unité que j'ai retenue, et j'obtiens 11 pour la partie entière de la somme.

Autre exemple. $4\frac{1}{2}$, $3\frac{2}{3}$, $2\frac{3}{4}$.

Première méthode. $\frac{9}{2}, \frac{11}{3}, \frac{11}{4}$:

$$\frac{54}{12}, \frac{44}{12}, \frac{33}{12} :$$

$$\frac{131}{12} \text{ ou } 10\frac{11}{12}.$$

Seconde méthode.

$$\left.\begin{array}{cc} 4 & 6 \\ 3 & 8 \\ 2 & 9 \end{array}\right\} 12$$

$$10 \quad \frac{11}{12}$$

ARTICLE IV.

Soustraction des fractions.

102. La soustraction des fractions présente les mêmes cas que l'addition.

1° *Si les deux fractions ont même dénominateur, on fait la soustraction des numérateurs, et l'on donne à la différence le dénominateur commun.* Par exemple, il est évident que $\frac{7}{9}$ moins $\frac{4}{9}$ donne $\frac{3}{9}$.

2° *Si les deux fractions ont des dénominateurs différents, on les réduit au même dénominateur, et l'on opère comme dans le premier cas.* Soit, par exemple, $\frac{2}{3}$ à retrancher de $\frac{8}{9}$: je réduis les deux fractions au même dénominateur 9 (92), et je retranche $\frac{6}{9}$ de $\frac{8}{9}$; ce qui me donne $\frac{2}{9}$ pour reste.

103. Pour retrancher un nombre fractionnaire d'un autre, on peut réduire ces deux nombres en expressions fractionnaires.

Soit, par exemple, $3\frac{1}{2}$ à retrancher de $5\frac{1}{4}$. Je

Cours élémentaire d'Arithmétique. 73

transforme $3\frac{1}{2}$ en $\frac{7}{2}$, et $5\frac{1}{4}$ en $\frac{21}{4}$; je réduis ensuite les deux expressions $\frac{7}{2}$ et $\frac{21}{4}$ au même dénominateur 4, et je retranche $\frac{14}{4}$ de $\frac{21}{4}$; ce qui me donne pour reste $\frac{7}{4}$ ou $1\frac{3}{4}$.

104. On peut aussi faire la soustraction des nombres fractionnaires sans les convertir en expressions fractionnaires. On commence par réduire les fractions au même dénominateur, et l'on dispose l'opération comme pour l'addition (101).

$$\left.\begin{array}{cc} 5 & 1 \\ 3 & 2 \\ \hline 1 & 3 \end{array}\right\} 4$$

Je soustrais d'abord les fractions l'une de l'autre. Comme je ne puis pas ôter $\frac{2}{4}$ de $\frac{1}{4}$, j'ajoute à cette dernière fraction une unité ou $\frac{4}{4}$, ce qui la rend égale à $\frac{5}{4}$. J'ôte alors $\frac{2}{4}$ de $\frac{5}{4}$, ce qui donne pour reste $\frac{3}{4}$, que j'écris. Puisque j'ai augmenté le nombre supérieur d'une unité, je dois, pour ne pas changer la différence, augmenter le nombre inférieur d'une unité : je le fais, en ajoutant cette unité à la partie entière 3, qui devient 4. Je retranche 4 de 5, et il reste 1 que j'écris.

ARTICLE V.

Multiplication des fractions.

105. La multiplication des fractions présente trois cas :

1° Celui où le multiplicande est une fraction et le multiplicateur un nombre entier;

2° Celui où le multiplicande est un nombre entier et le multiplicateur une fraction ;

3° Celui où les deux facteurs sont des fractions.

106. *Premier cas.* Soit $\frac{2}{3}$ à multiplier par 5. Multiplier $\frac{2}{3}$ par 5, c'est faire sur $\frac{2}{3}$ ce que l'on a fait sur l'unité pour obtenir 5 (45). Or, pour former 5, on a pris un nombre 5 fois plus grand que l'unité : donc multiplier $\frac{2}{3}$ par 5, c'est prendre un nombre 5 fois plus grand que $\frac{2}{3}$ (46). Mais on rend une fraction 5 fois plus grande en multipliant son numérateur par 5 (88). Donc le nombre cherché est $\frac{2 \times 5}{3}$ ou $\frac{10}{3}$. D'où il suit que, *pour multiplier une fraction par un nombre entier, il suffit de multiplier le numérateur par l'entier, sans changer le dénominateur.*

Quelquefois, on peut opérer plus simplement : cela arrive quand le dénominateur de la fraction est exactement divisible par l'entier. Soit, par exemple, $\frac{2}{15}$ à multiplier par 5. Cela revient à rendre 5 fois plus grande la fraction $\frac{2}{15}$: or on rend une fraction 5 fois plus grande, en rendant son dénominateur 5 fois moindre ou, ce qui est la même chose, en divisant son dénominateur par 5 (89). Par conséquent, le produit cherché est $\frac{2}{3}$.

107. *Deuxième cas.* Soit 5 à multiplier par $\frac{2}{3}$. Multiplier 5 par $\frac{2}{3}$, c'est faire sur 5 ce que l'on a fait sur l'unité pour obtenir $\frac{2}{3}$. Or, pour obtenir $\frac{2}{3}$, on a partagé l'unité en 3 parties égales et pris 2 de ces parties. Donc multiplier 5 par $\frac{2}{3}$, c'est partager 5 en 3 parties égales et prendre 2 de ces parties.

Pour partager 5 en 3 parties égales, j'observe que chaque partie sera 3 fois moindre que 5 : j'en conclus que chaque partie sera égale à $\frac{5}{3}$ (65). Donc, 2 parties vaudront $\frac{5}{3}$ répétés 2 fois. Or, d'après le premier cas, $\frac{5}{3}$ répétés 2 fois donnent $\frac{5 \times 2}{3}$ ou $\frac{10}{3}$. D'où il suit que, *pour multiplier un nombre entier par une fraction, il suffit de multiplier l'entier par le numérateur de la fraction, et de donner au produit le dénominateur de la fraction.* Ou bien encore, *pour multiplier un entier par une fraction, il faut multiplier la fraction par l'entier.*

108. *Troisième cas.* Soit $\frac{2}{3}$ à multiplier par $\frac{4}{5}$. Multiplier $\frac{2}{3}$ par $\frac{4}{5}$, c'est faire sur $\frac{2}{3}$ ce que l'on a fait sur l'unité pour obtenir $\frac{4}{5}$. Or, pour obtenir $\frac{4}{5}$, on a partagé l'unité en 5 parties égales, et l'on a pris 4 de ces parties. Donc multiplier $\frac{2}{3}$ par $\frac{4}{5}$, c'est partager $\frac{2}{3}$ en 5 parties égales et prendre 4 de ces parties.

Pour partager $\frac{2}{3}$ en 5 parties égales, j'observe que chaque partie sera 5 fois moindre que $\frac{2}{3}$. Or on rend une fraction 5 fois moindre, en multipliant son dénominateur par 5 (89) : donc chaque partie sera $\frac{2}{3 \times 5}$. En conséquence 4 parties vaudront $\frac{2}{3 \times 5}$ répété 4 fois. Or, d'après le premier cas, $\frac{2}{3 \times 5}$ répété 4 fois donne $\frac{2 \times 4}{3 \times 5}$ ou $\frac{8}{15}$. D'où il suit que, *pour multiplier deux fractions l'une par l'autre, il suffit de former une nouvelle fraction dont le numérateur soit le produit des deux numérateurs, et le dénominateur le produit des deux dénominateurs.*

109. Quant aux nombres fractionnaires, on peut,

pour les multiplier, les convertir en expressions fractionnaires et opérer comme pour des fractions.

On peut aussi les multiplier sans opérer cette conversion : nous expliquerons sur un exemple la marche à suivre dans ce dernier cas.

Soit $2\frac{3}{4}$ à multiplier par $5\frac{2}{3}$. Je multiplie d'abord $2\frac{3}{4}$ par 5 ; je le multiplierai ensuite par $\frac{2}{3}$, et j'ajouterai les deux résultats.

Multiplier $2\frac{3}{4}$ par 5, c'est le répéter 5 fois. J'y parviendrai en répétant 5 fois 2 et 5 fois $\frac{3}{4}$. Or 5 fois 2 donnent 10, et 5 fois $\frac{3}{4}$ donnent $\frac{15}{4}$ (106), ou $3\frac{3}{4}$; en sorte que le produit du multiplicande par 5 est $10 + 3 + \frac{3}{4}$, ou $13 + \frac{3}{4}$.

Multiplier $2\frac{3}{4}$ par $\frac{2}{3}$, c'est prendre les $\frac{2}{3}$ de $2\frac{3}{4}$ (46). J'y parviendrai en prenant séparément les $\frac{2}{3}$ de 2 et les $\frac{2}{3}$ de $\frac{3}{4}$. Or les $\frac{2}{3}$ de 2 sont $\frac{4}{3}$ (107), et les $\frac{2}{3}$ de $\frac{3}{4}$ sont $\frac{6}{12}$ (108). Donc le produit du multiplicande par $\frac{2}{3}$ est $\frac{4}{3}+\frac{6}{12}$, ou $\frac{16}{12}+\frac{6}{12}$ (92), ou $\frac{22}{12}$, ou bien enfin $1+\frac{10}{12}$.

Le produit total étant la somme des produits partiels $13\frac{3}{4}$ et $1\frac{10}{12}$ sera $14 + \frac{19}{12}$ ou $15\frac{7}{12}$.

ARTICLE VI.
Des fractions de fractions.

110. Multiplier un nombre par $\frac{2}{3}$, c'est prendre les

$\frac{2}{3}$ de ce nombre (46) : le produit est donc alors une *fraction* du multiplicande. Or le multiplicande peut être lui même une *fraction* de l'unité. En conséquence, on aura pris une fraction d'une autre fraction.

Un exemple rendra cette idée plus nette.

Une personne, à laquelle on demande son âge, répond : j'ai les $\frac{2}{5}$ des $\frac{3}{7}$ des $\frac{6}{11}$ de 385 ans.

Pour connaître l'âge de cette personne, commençons par chercher les $\frac{6}{11}$ de 385 ans. Cela revient à multiplier 385 ans par $\frac{6}{11}$, en sorte que nous pouvons représenter le résultat par $385 \times \frac{6}{11}$. — Ce premier résultat est une fraction de 385.

Nous devons maintenant prendre les $\frac{3}{7}$ de $385 \times \frac{6}{11}$. Cela revient à multiplier $385 \times \frac{6}{11}$ par $\frac{3}{7}$, en sorte que nous pouvons représenter le résultat par $385 \times \frac{6}{11} \times \frac{3}{7}$. — Ce nouveau résultat est une fraction de $385 \times \frac{6}{11}$, et, par conséquent, une fraction d'une fraction de 385 ans.

Nous devons enfin prendre les $\frac{2}{5}$ de $385 \times \frac{6}{11} \times \frac{3}{7}$. Cela revient à multiplier $385 \times \frac{6}{11} \times \frac{3}{7}$ par $\frac{2}{5}$, en sorte que nous pouvons représenter le résultat par $385 \times \frac{6}{11} \times \frac{3}{7} \times \frac{2}{5}$. — Ce nouveau résultat est une fraction de $385 \times \frac{6}{11} \times \frac{3}{7}$, et, par conséquent, une fraction d'une fraction d'une autre fraction de 385 ans.

On voit par cet exemple : 1° qu'une fraction de fractions est une série de fractions séparées les unes des autres par *de* ou par *des*; 2° qu'une fraction de fractions est égale au produit de toutes les fractions qui entrent dans la série.

Ici, l'âge de la personne sera $\dfrac{385 \times 6 \times 3 \times 2}{11 \times 7 \times 5}$ ou 36 ans.

Autre exemple. Il est les $\dfrac{2}{3}$ des $\dfrac{3}{4}$ des $\dfrac{4}{5}$ de 10 heures : quelle heure est-il? — Réponse $\dfrac{10 \times 4 \times 3 \times 2}{5 \times 4 \times 3}$ ou 4 heures.

ARTICLE VII.
Division des fractions.

111. La division des fractions présente trois cas :
1° Celui où le dividende est une fraction et le diviseur un nombre entier ;
2° Celui où le dividende est un nombre entier et le diviseur une fraction ;
3° Celui où le dividende et le diviseur sont deux fractions.

112. *Premier cas.* Soit $\dfrac{2}{3}$ à diviser par 5. Diviser $\dfrac{2}{3}$ par 5, c'est chercher un nombre 5 fois plus petit que $\dfrac{2}{3}$ (64). Or on rend une fraction 5 fois plus petite en multipliant son dénominateur par 5 (89); donc le nombre cherché est $\dfrac{2}{3 \times 5}$ ou $\dfrac{2}{15}$. D'où il suit que, *pour diviser une fraction par un nombre entier, il suffit de multiplier le dénominateur de la fraction par l'entier, sans changer le numérateur.*

On peut opérer plus simplement quand le numérateur de la fraction est exactement divisible par l'entier. Soit, par exemple, $\dfrac{10}{13}$ à diviser par 5. Cela revient à rendre 5 fois plus petite la fraction $\dfrac{10}{13}$: or on rend une fraction 5 fois plus petite en rendant son numé-

Cours élémentaire d'Arithmétique. 79

rateur 5 fois plus petit, ou, ce qui est la même chose, en divisant son numérateur par 5 (88). Par conséquent, le quotient cherché est $\frac{2}{13}$.

113. *Deuxième cas.* Soit 5 à diviser par $\frac{2}{3}$. Diviser 5 par $\frac{2}{3}$, c'est chercher un quotient qui, multiplié par $\frac{2}{3}$, reproduise 5. Or, multiplier le quotient par $\frac{2}{3}$, ce serait prendre les $\frac{2}{3}$ de ce quotient (46). Par conséquent, les $\frac{2}{3}$ du quotient valent 5. Donc $\frac{1}{3}$ du quotient est la moitié de 5, ou $\frac{5}{2}$ (65). Donc les $\frac{3}{3}$ du quotient, c'est-à-dire le quotient tout entier, valent 3 fois $\frac{5}{2}$, ou $\frac{5 \times 3}{2}$ (106). Mais $\frac{5 \times 3}{2}$ serait aussi le résultat de la multiplication de 5 par $\frac{3}{2}$ (107), c'est-à-dire du dividende 5 par la fraction diviseur renversée. D'où il suit que, *pour diviser un nombre entier par une fraction, il suffit de multiplier l'entier par la fraction diviseur renversée.*

114. *Troisième cas.* Soit $\frac{2}{3}$ à diviser par $\frac{4}{5}$. Diviser $\frac{2}{3}$ par $\frac{4}{5}$, c'est chercher un quotient qui, multiplié par $\frac{4}{5}$, reproduise $\frac{2}{3}$. Or, multiplier le quotient par $\frac{4}{5}$, ce serait prendre les $\frac{4}{5}$ de ce quotient. Par conséquent, les $\frac{4}{5}$ du quotient valent $\frac{2}{3}$. Donc $\frac{1}{5}$ du quotient est le quart de $\frac{2}{3}$, ou $\frac{2}{3 \times 4}$ (89). Donc, les $\frac{5}{5}$ du quotient, c'est-à-dire le quotient tout entier, valent 5 fois $\frac{2}{3 \times 4}$, ou $\frac{2 \times 5}{3 \times 4}$. Mais $\frac{2 \times 5}{3 \times 4}$ serait aussi le résultat

de la multiplication de $\frac{2}{3}$ par $\frac{5}{4}$ (108), c'est-à-dire de la fraction dividende $\frac{2}{3}$ par la fraction diviseur renversée. D'où il suit que, *pour diviser une fraction par une autre, il suffit de multiplier la fraction dividende par la fraction diviseur renversée.*

115. Quant aux nombres fractionnaires, il faut, pour les diviser les uns par les autres, les convertir en expressions fractionnaires.

CHAPITRE V.
DES FRACTIONS DÉCIMALES ET DES NOMBRES DÉCIMAUX.

ARTICLE I.
Notions générales.

116. On appelle fraction décimale une fraction dont le dénominateur est 10, 100, 1000; en général, l'unité suivie d'un certain nombre de zéros. Par exemple $\frac{3}{10}$, $\frac{79}{100}$, $\frac{137}{1000}$ sont des fractions décimales.

Un nombre fractionnaire composé d'un nombre entier et d'une fraction décimale est appelé *nombre décimal*. Par exemple $5\frac{3}{10}$, $8\frac{79}{100}$ sont des nombres décimaux.

117. Si l'on considère la fraction décimale $\frac{79}{100}$, on pourra remarquer qu'elle équivaut à $\frac{70}{100}+\frac{9}{100}$. Or $\frac{70}{100}$ valent $\frac{7}{10}$ (90). Donc $\frac{79}{100}$ sont la même chose que $\frac{7}{10}+\frac{9}{100}$. — On reconnaîtra de même que $\frac{137}{1000}$ sont la même chose que $\frac{1}{10}+\frac{3}{100}+\frac{7}{1000}$.

Cours élémentaire d'Arithmétique. 81

118. Une fraction décimale peut être écrite comme une fraction ordinaire ; c'est ce que nous avons fait dans les exemples précédents ; mais on peut aussi l'écrire d'une manière plus simple, en se rappelant le principe de la numération écrite des nombres entiers (23). On peut, en effet, considérer les dixièmes comme des unités dix fois moindres que les unités simples, les centièmes comme des unités dix fois moindres que les dixièmes, etc. En conséquence, un chiffre exprimera des dixièmes, s'il est à la droite d'un autre chiffre exprimant des unités ; un chiffre exprimera des centièmes, s'il est à la droite d'un chiffre exprimant des dixièmes, etc. La difficulté sera de distinguer le chiffre qui représentera les unités : on y parviendra en plaçant à la droite de ce chiffre une virgule.

D'après cela, on écrira le nombre $5\frac{3}{10}$ de la manière suivante : 5,3. Le nombre $8\frac{79}{100}$, étant équivalent à $8 + \frac{7}{10} + \frac{9}{100}$ (117), s'écrira 8,79. Le nombre $4\frac{137}{1000}$, étant équivalent à $4 + \frac{1}{10} + \frac{3}{100} + \frac{7}{1000}$, s'écrira 4,137.

Si l'on veut écrire $\frac{25}{100}$, on observera que cette fraction ne contient pas d'unités entières : on marquera la place des unités par un zéro. Ensuite, comme $\frac{25}{100}$ valent $\frac{2}{10} + \frac{5}{100}$, on écrira 2 au rang des dixièmes et 5 à celui des centièmes : ce qui donnera 0,25.

Soit encore la fraction $\frac{31}{1000}$. Un zéro devra tenir la place des unités entières. Comme $\frac{31}{1000}$ reviennent à $\frac{3}{100} + \frac{1}{1000}$, un zéro tiendra aussi la place des dixièmes ; le chiffre 3 sera placé au rang des centièmes et 1 à celui des millièmes. On écrira donc 0,031.

Généralement, *pour écrire une fraction décimale,*

écrivez le numérateur comme un nombre entier; placez ensuite une virgule de façon qu'elle laisse sur sa droite autant de chiffres qu'il y a de zéros au dénominateur de la fraction à écrire : à cet effet, ajoutez, s'il est nécessaire, un nombre de zéros suffisant à la gauche du numérateur.

Si la fraction est accompagnée d'un nombre entier, écrivez ce nombre entier à la gauche de la virgule.

119. Voyons maintenant de quelle manière on doit lire une fraction décimale. Soit, par exemple, la fraction 0,4567. Le chiffre 4 exprime des dixièmes : mais 4 dixièmes valent 40 centièmes : comme, d'ailleurs, le chiffre 5 exprime des centièmes, la fraction contient 45 centièmes. Or 45 centièmes valent 450 millièmes, et comme le chiffre 6 exprime des millièmes, la fraction contient 456 millièmes. Enfin 456 millièmes valent 4560 dix-millièmes, et comme le chiffre 7 exprime des dix-millièmes, la fraction est égale à 4567 dix-millièmes.

Ainsi, *pour lire une fraction décimale, on lit le numérateur comme un nombre entier ; puis on énonce avec la terminaison* IÈME *un dénominateur formé de l'unité suivie d'autant de zéros qu'il y a de chiffres après la virgule.*

Quant à un nombre décimal, on le lit en énonçant d'abord la partie entière, puis on énonce la partie fractionnaire d'après la règle qui précède. Ainsi 8,4567 s'énoncera *huit unités quatre mille cinq cent soixante-sept dix-millièmes.*

Comme une unité vaut dix mille dix-millièmes, huit unités en vaudront quatre-vingt mille. On pourra donc, si on le trouve plus avantageux, énoncer le nombre décimal comme expression fractionnaire, en disant : *quatre-vingt quatre mille cinq cent soixante-sept dix millièmes.*

120. Soit le nombre 6,24. En écrivant deux zéros à sa droite, j'obtiens 6,2400. Sous la première forme, il valait 6 unités et 24 centièmes : sous la seconde forme, il vaut encore 6 unités et 24 centièmes; car les deux zéros que nous avons ajoutés annoncent uniquement l'absence de millièmes et de dix-millièmes. Donc *on*

Cours élémentaire d'Arithmétique.

ne change pas la valeur d'un nombre décimal, en écrivant à sa droite autant de zéros que l'on veut.

On peut encore démontrer ce principe en observant que 6,24 égale $\frac{624}{100}$, tandis que 6,2400 égale $\frac{62400}{10000}$. La seconde expression résulte donc de la multiplication des deux termes de la première par un même nombre 100 : donc elle est équivalente à la première (90).

121. D'après cela, la réduction des fractions décimales au même dénominateur est bien facile : car il suffit d'écrire à la droite des fractions qui ont le moins de chiffres après la virgule autant de zéros qu'il en faut pour qu'elles aient, après la virgule, autant de chiffres que la fraction où il y en a le plus.

Soient, par exemple, les fractions 0,23765 ; 0,376 ; 0,4189 ; 0,57 : ces fractions, d'après ce qu'on vient de voir, sont respectivement équivalentes à 0,23765 ; 0,37600 ; 0,41890 ; 0,57000 : or ces nouvelles fractions ont toutes pour dénominateur 100000.

122. Soit le nombre décimal 6,258. En avançant la virgule d'un rang vers la droite, j'obtiens 62,58. Le chiffre 6, qui exprimait des unités, exprime actuellement des dizaines ; et comme une dizaine vaut 10 unités, ce chiffre a une valeur dix fois plus grande. Le chiffre 2, qui exprimait d'abord des dixièmes, exprime actuellement des unités ; et comme une unité vaut 10 dixièmes, ce chiffre a pris une valeur dix fois plus grande. Le chiffre 5, qui représentait des centièmes, représente maintenant des dixièmes ; et comme un dixième vaut 10 centièmes, ce chiffre a pris une valeur dix fois plus grande. Le chiffre 8, qui représentait des millièmes, représente maintenant des centièmes ; et comme un centième vaut 10 millièmes, ce chiffre a pris une valeur dix fois plus grande. Ainsi, toutes les parties du nombre sont devenues dix fois plus fortes ; donc le nombre lui-même a pris une valeur dix fois plus forte.

On verrait par des raisonnements semblables :

1° Qu'un nombre décimal devient 100, 1000, 10000 fois plus grand, lorsqu'on avance la virgule de 2, 3, 4 rangs vers la droite ;

2° Qu'un nombre décimal devient 10, 100, 1000 fois moindre, lorsqu'on recule la virgule de 1, 2, 3 rangs vers la gauche.

ARTICLE II.

Addition des nombres décimaux.

123. Soit proposé d'ajouter les nombres décimaux 8,06 ; 5,234 ; 0,6708 , 1,00349 Je remarque pour cela qu'ils sont équivalens aux expressions fractionnaires $\frac{806}{100}, \frac{5234}{1000}, \frac{6708}{10000}, \frac{100349}{100000}$; lesquelles sont, à leur tour, équivalentes à $\frac{806000}{100000}, \frac{523400}{100000}, \frac{67080}{100000}, \frac{100349}{100000}$ (121).

Or, pour ajouter plusieurs fractions de même dénominateur, on doit : 1° ajouter entre eux les numérateurs; 2° donner à la somme le dénominateur commun.

J'ajoute d'abord les numérateurs entre eux.

$$
\begin{array}{r}
806000 \\
523400 \\
67080 \\
100349 \\
\hline
1496829
\end{array}
$$

Je donne ensuite à la somme le dénominateur commun, ce qui fournit $\frac{1496829}{100000}$ ou 14,96829.

J'aurais obtenu le même résultat si, après avoir placé les nombres les uns sous les autres de manière que les virgules fussent dans une même colonne, je les avais ajoutés comme des entiers, et que j'eusse mis à la somme une virgule sous les virgules des nombres proposés.

$$
\begin{array}{r}
8,06 \\
5,234 \\
0,6708 \\
1,00349 \\
\hline
14,96829
\end{array}
$$

En conséquence, *pour additionner des nombres décimaux, il suffit de les écrire les uns sous les*

Cours élémentaire d'Arithmétique. 85

autres de manière que les virgules soient dans une même colonne ; de les additionner ensuite comme des nombres entiers, et de mettre à la somme une virgule sous celles des nombres proposés.

ARTICLE III.

Soustraction des nombres décimaux.

124. Soit proposé de retrancher le nombre décimal 4,0527 du nombre 13,006. J'observe que ces deux nombres reviennent aux expressions fractionnaires $\frac{40527}{10000}$, $\frac{13006}{10,0}$; et que celle-ci revient à $\frac{130060}{10000}$. Or, pour retrancher une fraction d'une autre qui a le même dénominateur, on doit 1° faire la soustraction des numérateurs ; 2° donner à la différence le dénominateur commun.

Je fais d'abord la soustraction des numérateurs.

$$\begin{array}{r} 130060 \\ 40527 \\ \hline 89533 \end{array}$$

Je donne ensuite à la différence le dénominateur commun, ce qui fournit $\frac{89533}{10000}$ ou 8,9533.

J'aurais obtenu le même résultat si, après avoir placé le plus petit nombre sous le plus grand de manière que les virgules fussent dans la même colonne, et après avoir réduit les deux nombres au même dénominateur (121), j'avais ensuite fait la soustraction comme sur deux nombres entiers, et mis à la différence une virgule sous celles des nombres proposés.

$$\begin{array}{r} 13,0060 \\ 4,0527 \\ \hline 8,9533 \end{array}$$

Donc, *pour faire la soustraction des nombres décimaux, il suffit de placer le plus petit nombre sous le plus grand,* etc.

86 *Cours élémentaire d'Arithmétique.*

ARTICLE IV.
Multiplication des nombres décimaux.

125 Soit proposé de multiplier le nombre décimal 2,56 par 3,047. J'observe que ces deux nombres reviennent aux expressions fractionnaires $\frac{256}{100}, \frac{3047}{1000}$. Or le produit de deux fractions est une nouvelle fraction ayant pour numérateur le produit des deux numérateurs, et pour dénominateur le produit des deux dénominateurs (108). Donc, le résultat de la multiplication des deux nombres décimaux proposés sera $\frac{256 \times 3047}{100 \times 1000}$, ou $\frac{780032}{100000}$, ou bien enfin 7,80032.

Nous concluons de là cette règle générale :

Pour multiplier deux nombres décimaux l'un par l'autre, multipliez les comme des nombres entiers, sans faire attention aux virgules ; séparez ensuite sur la droite du résultat autant de chiffres décimaux qu'il y en avait au multiplicande, plus autant qu'il y en avait au multiplicateur.

ARTICLE V.
Division des nombres décimaux.

126. Soit proposé de diviser 1,2 par 3,647. J'observe que ces deux nombres reviennent aux expressions fractionnaires $\frac{12}{10}, \frac{3647}{1000}$, qui, réduites au même dénominateur, deviennent $\frac{1200}{1000}$ et $\frac{3647}{1000}$. Or, pour diviser deux fractions l'une par l'autre, on multiplie la fraction dividende par la fraction diviseur renversée (114). Le quotient des deux nombres décimaux proposés est donc $\frac{1200}{1000} \times \frac{1000}{3647}$ ou $\frac{1200 \times 1000}{1000 \times 3647}$. Comme les deux termes de ce quotient sont divisibles par 1000, il équivaut à $\frac{1200}{3647}$ (90). Or cette fraction est le quotient de 1200 par 3647.

Cours élémentaire d'Arithmétique. 87

Nous concluons donc cette règle générale :

Pour diviser deux nombres décimaux l'un par l'autre, réduisez les au même dénominateur; supprimez ensuite les virgules, et divisez l'un par l'autre les deux nombres entiers que vous aurez ainsi obtenus, sans rien changer au quotient.

CHAPITRE VI.

CONVERSION DES FRACTIONS ORDINAIRES EN DÉCIMALES, ET RÉCIPROQUEMENT.

127. Le chapitre précédent nous a montré que les opérations sur les fractions décimales sont plus simples que les opérations sur les fractions ordinaires, bien qu'elles n'en soient que des cas particuliers. Pour mettre plus souvent à profit cette simplicité, il sera utile de savoir convertir une fraction ordinaire en fraction décimale.

Soit la fraction $\frac{5}{8}$. Si je multiplie son numérateur par 10, j'obtiendrai une fraction $\frac{50}{8}$ dix fois plus grande (88). Or cette nouvelle fraction est une expression fractionnaire que je puis convertir en un nombre fractionnaire, en divisant 50 par 8 (97) Je trouve ainsi qu'elle revient à 6 unités et $\frac{2}{8}$ d'unité. Par conséquent, la fraction $\frac{5}{8}$, étant dix fois moindre, revient à 6 *dixièmes* et $\frac{2}{8}$ de *dixième*.

Si je multiplie de nouveau par 10 le numérateur de la fraction $\frac{2}{8}$, j'obtiendrai une fraction $\frac{20}{8}$ dix fois plus grande. Or cette nouvelle fraction est une expression fractionnaire que je puis convertir en un nombre fractionnaire, en divisant 20 par 8. Je trouve ainsi qu'elle revient à 2 unités et $\frac{4}{8}$ d'unité. Par conséquent, $\frac{20}{8}$ de *dixième* valent 2 *dixièmes* et $\frac{4}{8}$ de *dixièmes*. Par conséquent enfin, la fraction $\frac{2}{8}$ *de dixième*, étant dix fois moindre que $\frac{20}{8}$ de *dixième*, revient à 2 *centièmes* et $\frac{4}{8}$ de *centième*.

Si je multiplie encore par 10 le numérateur de la fraction $\frac{4}{8}$, j'obtiendrai une fraction $\frac{40}{8}$ dix fois plus grande. Or cette nouvelle fraction est une expression fractionnaire que je puis convertir en un nombre fractionnaire, en divisant 40 par 8. Je trouve ainsi qu'elle revient à 5 unités exactement. Par conséquent, $\frac{40}{8}$ de *centième* valent 5 *centièmes*. Par conséquent enfin, la fraction $\frac{4}{8}$ de *centième*, étant dix fois moindre que $\frac{40}{8}$ de *centième*, revient à 5 *millièmes*.

Il suit évidemment de là que la fraction $\frac{5}{8}$ équivaut à 6 dixièmes, plus 2 centièmes, plus 5 millièmes, ou à 0, 625 (118).

De cette opération, nous concluons la règle suivante:

Pour convertir une fraction ordinaire en fraction décimale, divisez le numérateur par le dénominateur : si le numérateur est moindre que le dénominateur, le quotient est 0 et le reste est le numerateur lui-même. A la suite du reste, écrivez un zéro, et à la suite du quotient une virgule. Divisez le reste ainsi modifié par le dénominateur, et placez au quotient, à la droite de la virgule, le nouveau chiffre que vous obtiendrez pour quotient. A la suite du nouveau reste, écrivez un zéro; divisez ce reste ainsi modifié par le dénominateur, et écrivez le quotient de cette autre division à la droite du

Cours élémentaire d'Arithmétique. 89

quotient déjà obtenu. Continuez de la même manière jusqu'à ce qu'il n'y ait plus de reste.

128. Appliquons cette règle à la fraction $\frac{12}{37}$.

```
120  | 37
 90  | 0,324
160
 12
```

Après avoir obtenu 0,324 pour les premiers chiffres de la fraction décimale, je trouve pour reste 12, nombre égal au numérateur de la fraction proposée. Or, en ajoutant à ce reste un zéro, je reproduirai le dividende 120, qui me rendra le quotient 3 et le reste 9. Celui-ci, à son tour, me fournira le dividende 90, le quotient 2 et le reste 16. Il est donc indubitable que les quotiens et les restes vont se reproduire indéfiniment et dans le même ordre; que, par conséquent, l'opération ne se terminera jamais.

Nous découvrons ainsi qu'il n'est pas toujours possible de convertir une fraction ordinaire en fraction décimale.

Remarquons, d'ailleurs, que, dans l'exemple actuel, en continuant indéfiniment l'opération, nous trouverions une série illimitée de tranches composées des chiffres 3,2,4; en sorte que la fraction décimale serait sous la forme

0,324324324324 etc.

Lorsqu'un certain nombre de chiffres se répètent ainsi indéfiniment, on dit que la fraction décimale est *périodique*, et l'ensemble des chiffres qui se répètent est appelé *période*. Ici, par exemple, la période est 324.

129. Appliquons encore la même règle à la fraction $\frac{21}{22}$.

```
210  | 22
120  | 0,954
100
 12
```

Ici, le reste qui se représente le premier n'est pas le numérateur 21 de la fraction proposée, mais le reste que l'on avait obtenu après une division. Cela n'empêchera pas que, ce reste fournissant le même dividende 120, on n'arrive au même quotient 5 et au même reste 10, et ainsi de suite. La fraction décimale sera donc sous la forme

$$0,954545454 \text{ etc.}$$

Cette fraction est périodique, comme la précédente ; car la *période* 54 se répète indéfiniment. Il y a seulement cette différence que, dans le premier exemple, la première période 324 suit immédiatement la virgule, tandis que, dans le second, la première période 54 est séparée de la virgule par un chiffre 9 qui n'est point périodique.

Lorsque la première période suit immédiatement la virgule, on dit que la fraction décimale est *périodique simple*.

Lorsque la première période est séparée de la virgule par un ou plusieurs chiffres non périodiques, on dit que la fraction est *périodique mixte*.

Voici de nouveaux exemples pour exercices.

$\dfrac{3}{11}\ldots 0,272727$, etc.
$\dfrac{5}{13}\ldots 0,384615384615$, etc. $\Big\}$ fractions décimales périodiques simples.

$\dfrac{13}{15}\ldots 0,8666$, etc.
$\dfrac{18}{35}\ldots 0,514285742857$, etc. $\Big\}$ fractions décimales périodiques mixtes.

130. Dans les exemples précédents, l'impossibilité de convertir les fractions proposées en fractions décimales nous a été annoncée par la reproduction d'un reste déjà trouvé dans le cours des opérations. Je dis maintenant qu'il en sera de même, toutes les fois que la conversion ne pourra point s'achever.

Je suppose, en effet, qu'on sache à l'avance que la fraction $\dfrac{5}{7}$ ne peut pas être exactement convertie en fraction décimale. J'en conclus d'abord que, dans

Cours élémentaire d'Arithmétique. 91

aucune des divisions que l'on fera pour opérer la conversion, le reste ne sera nul; car si l'on avait un reste nul, la conversion serait achevée; ce qui est impossible, d'après l'hypothèse. Le reste de chaque division sera donc toujours au moins égal à 1. D'un autre côté, aucun reste ne peut dépasser 6; car si l'on trouvait pour reste 7 ou un nombre plus grand que 7, cela prouverait que le chiffre mis au quotient serait trop faible. Il ne peut donc y avoir plus de six restes différents, 1, 2, 3, 4, 5, 6. Donc, après un nombre convenable d'opérations, on ne saurait manquer de retomber sur un de ces restes; et, comme on l'a vu tout à l'heure, les quotients et les restes se reproduiront, à partir de ce moment, périodiquement.

131. Si l'on ne peut pas toujours trouver une fraction décimale équivalente à une fraction donnée, on peut au moins en trouver une qui diffère aussi peu que l'on veut de cette fraction donnée.

Soit proposé, par exemple, d'évaluer $\frac{5}{7}$ en fraction décimale, à moins de 0,001 près. Je convertis la fraction $\frac{5}{7}$ en fraction décimale, en me bornant à chercher les trois chiffres qui doivent suivre la virgule.

$$\begin{array}{r|l} 50 & 7 \\ 10 & 0,714 \\ 30 & \\ 2 & \end{array}$$

D'après ce qui a été dit (127), la fraction $\frac{5}{7}$ est égale à 0,714 plus $\frac{2}{7}$ de millième. Elle surpasse donc 0,714 d'une quantité moindre que 0,001.

On voit par là que, *lorsque l'on convertit une fraction ordinaire en fraction décimale, la fraction décimale que l'on obtient diffère de la fraction proposée d'une quantité moindre qu'une unité de l'ordre auquel on s'arrête.*

On peut même toujours faire en sorte que la fraction décimale diffère de la fraction ordinaire d'une quantité moindre qu'une demi-unité de l'ordre auquel on

92   *Cours élémentaire d'Arithmétique.*

s'arrête. Dans l'exemple que nous venons de prendre, $\frac{5}{7}$ est égale à $0,714 + \frac{2}{7}$ de millième. Or $\frac{2}{7}$ est moindre que $\frac{1}{2}$; donc l'erreur que l'on commet en s'arrêtant à $0,714$ est moindre que $\frac{1}{2}$ millième.

Considérons la fraction $\frac{3}{7}$. Opérons la conversion, en nous arrêtant aux millièmes.

```
   30  | 7
   20  | 0,428
   60
    4
```

Cette fraction diffère de $0,428$ de moins d'un millième; car elle est égale à $0,428 + \frac{4}{7}$ de millième. Mais $\frac{4}{7}$ est plus grand que $\frac{1}{2}$. Donc l'erreur que l'on commet en s'arrêtant à $0,428$ est plus grande que $\frac{1}{2}$.

D'un autre côté, $\frac{4}{7}$ de millième sont égaux à 1 millième $- \frac{3}{7}$ de millième. Donc, la fraction $\frac{3}{7}$ étant égale à $0,428 + \frac{4}{7}$ de millième, est aussi égale à $0,428 + 1$ millième $- \frac{3}{7}$ de millième ou à $0,429 - \frac{3}{7}$ de millième. Elle diffère donc de $0,429$ de $\frac{3}{7}$ de millième, c'est-à-dire de moins d'un demi millième.

De ces remarques nous concluons la règle suivante :

Lorsque dans la conversion d'une fraction ordinaire en fraction décimale, on s'arrête à un chiffre décimal quelconque, si le dernier reste est moindre que la moitié du dénominateur de la fraction proposée, la fraction décimale représente par défaut la valeur de la fraction ordinaire à moins d'une demi-unité du dernier ordre : si le dernier reste

Cours élémentaire d'Arithmétique.

surpasse la moitié du dénominateur de la fraction proposée, en augmentant d'une unité le dernier chiffre de la fraction décimale, on obtient une fraction qui représente, par excès, la valeur de la fraction ordinaire à moins d'une demi-unité de l'ordre exprimé par ce dernier chiffre.

132. Concluons encore de ce qui précède que l'on peut exprimer sous forme de fraction décimale, et avec telle approximation que l'on veut, le quotient d'une division qui ne se fait pas exactement. Soit proposé, par exemple, d'évaluer, à moins d'un demi-millième près, le quotient de 6547 par 36. J'observe, pour cela, que ce quotient n'est autre chose que l'expression fractionnaire $\frac{6547}{36}$ (65) : je réduis, en conséquence, cette expression fractionnaire en un nombre décimal.

```
6547  | 36
 294  | 181,861
  67
 310
 220
  40
   4
```

Comme le reste 4 est moindre que la moitié du dénominateur 36, le nombre 181,861 représente par défaut la valeur du quotient à moins d'un demi millième près.

133. Nous avons maintenant à exécuter l'opération inverse de celle qui vient de nous occuper, c'est-à-dire à convertir une fraction décimale en fraction ordinaire. Cette question présentera trois cas :

1° Conversion d'une fraction décimale terminée en fraction ordinaire ;

2° Conversion d'une fraction décimale périodique simple en fraction ordinaire ;

3 Conversion d'une fraction décimale périodique mixte en fraction ordinaire.

134. La conversion d'une fraction décimale terminée en fraction ordinaire ne peut offrir aucune difficulté, puisqu'il ne s'agit que d'écrire la fraction sous la forme de fraction ordinaire. Par exemple, 0,25 est égale à $\frac{25}{100}$.

94 *Cours élémentaire d'Arithmétique.*

135. Soit la fraction décimale périodique simple 0,252525, etc. Pour arriver à sa valeur en fraction ordinaire, je considère que cette fraction est égale au produit 25 × 0,01010101, etc. D'un autre côté, je réduis en fraction décimale une fraction ayant pour numérateur 1, et pour dénominateur 99, c'est-à-dire autant de chiffres 9 qu'il y a de chiffres à la période.

$$\begin{array}{r|l} 100 & 99 \\ 100 & 0,010101\ldots \\ 100 & \end{array}$$

Je trouve que $\frac{1}{99}$ a précisément pour valeur la fraction périodique 0,010101, etc. J'en conclus que 0,252525, etc. est égale à $25 \times \frac{1}{99}$ ou à $\frac{25}{99}$.

D'où il suit qu'*une fraction décimale périodique simple est égale à une fraction ordinaire ayant pour numérateur la période et pour dénominateur autant de chiffres 9 qu'il y a de chiffres dans la période.*

136. Soit maintenant la fraction décimale périodique mixte 0,25634634, etc. En la multipliant par 100, j'obtiens 25,634634, etc. (122), ou 25 + 0,634634, etc. Mais, d'après la règle du n° précédent, la fraction décimale périodique simple 0,634634, etc., est égale à la fraction ordinaire $\frac{634}{999}$. Par conséquent, 25 + 0,634634, etc., reviennent à $25 + \frac{634}{999}$, nombre fractionnaire qui est lui-même équivalent à l'expression fractionnaire $\frac{25 \times 999 + 634}{999}$ (98). Il est évident que le produit 25 × 999 est égal à 25 × 1000 − 25 ou à 25000 − 25. Par suite, notre expression fractionnaire peut être écrite sous la forme $\frac{25000 - 25 + 634}{999}$ ou $\frac{25634 - 25}{999}$. Cette expression étant équivalente à 25 + 634634, etc., c'est à dire 100 fois plus grande que la fraction décimale périodique mixte qui nous était donnée, nous la rendrons équivalente à cette fraction décimale en la di-

Cours élémentaire d'Arithmétique.

visant par 100, c'est-à-dire en multipliant son dénominateur par 100 ; ce qui donnera $\dfrac{25634 - 25}{99900}$.

D'où il suit qu'*une fraction décimale périodique mixte est égale à une fraction ordinaire ayant pour numérateur les chiffres qui précèdent la période suivis de la période, moins les chiffres qui précèdent la période, et pour dénominateur autant de chiffres 9 qu'il y a de chiffres à la période, suivis d'autant de zéros qu'il y a de chiffres avant la période.*

CHAPITRE VII.

DES POIDS ET MESURES.

137. Parmi les unités dont on se sert pour mesurer les différentes quantités, il en est qu'une loi a fixées ; les autres ne sont réglées que par l'usage. L'ensemble des premières forme ce que l'on nomme le *système légal des poids et mesures*, ou le *système métrique*. Ce sont les seules que nous ferons connaître.

Les mesures fixées par la loi sont les mesures de longueur, de superficie, de volume, de poids et de monnaie.

§ I. *Mesures de longueur.*

138. L'unité de longueur a reçu le nom de *mètre*. On se formera une idée de cette longueur en jetant les yeux sur la figure 1, dans laquelle la ligne AB est la dixième partie du mètre (*a*).

(*a*) Nous nous bornons à dire que le mètre est l'unité de longueur, sans ajouter qu'on l'a déterminé en prenant la *dix-millionième partie du quart du méridien*. Cette définition ne présente qu'un ensemble de mots vides de sens pour les enfants qui ne savent pas ce que c'est qu'un *méridien*, c'est-à-dire pour le plus grand nombre des enfants qui fréquentent les écoles. L'instituteur qui, en donnant des notions de géographie, aura bien fait comprendre à ses élèves la signification du mot *méridien*, fera bien de dire comment le mètre a été formé ; si non, il vaut infiniment mieux se contenter de présenter une longueur égale au mètre, pour en donner au moins une idée précise à l'aide des yeux.

96   *Cours élémentaire d'Arithmétique.*

Cette unité fondamentale a servi à former toutes les autres, et c'est pour cette raison que le système légal des poids et mesures a reçu le nom de *système métrique.*

139 Une longueur égale à 10 mètres s'appelle un *décamètre ;* une longueur égale à 100 mètres s'appelle un *hectomètre ;* une longueur égale à 1000 mètres s'appelle un *kilomètre ;* une longueur égale à 10000 mètres s'appelle un *myriamètre.*

Ces longueurs, de dix en dix fois plus grandes, sont appelées les *multiples du mètre.*

Une longueur égale à la dixième partie du mètre s'appelle un *décimètre ;* une longueur égale à la centième partie du mètre s'appelle un *centimètre ;* une longueur égale à la millième partie du mètre s'appelle un *millimètre.*

Ces longueurs, de dix en dix fois plus petites, sont appelées les *sous-multiples du mètre*

Par exemple, dans la figure 1, la ligne AB est un décimètre ; et, cette ligne étant partagée en dix parties égales, chacune des parties A*a*, *ab*, *bc*, *cd*, *de*, *ef*, *fg*, *gh*, *hi*, *i*B, est un centimètre.

Il est bon d'observer que le mot *décamètre* n'est employé que dans l'arpentage, et les mots *hectomètre*, *kilomètre*, *myriamètre*, dans la mesure des distances d'une ville à une autre. Dans les autres circonstances, on se sert des noms ordinaires des nombres pour désigner les mètres : on dit, par exemple, dix mètres de drap, et non pas un décamètre de drap.

140. Les multiples et les sous-multiples du mètre étant de dix en dix fois plus petits, il en résulte qu'un assemblage quelconque de mètres et de sous-multiples du mètre formera toujours un nombre décimal, et s'écrira comme s'écrivent les nombres décimaux. Par exemple, cent soixante-douze mètres cinq cent quatre-vingt-dix-huit millimètres s'écriront

$$172^m,598.$$

Rien de plus aisé, d'ailleurs, que de changer l'unité principale. Veut-on qu'elle soit le décamètre ? On remarquera que le chiffre 7, exprimant des décamètres, devra devenir le chiffre des unités; que, par conséquent, la virgule devra le suivre immédiatement. On écrira donc

$$17^{\text{décam.}},2598.$$

Veut-on que l'unité principale soit le centimètre? Le chiffre 9 devra devenir le chiffre des unités, et, par conséquent, la virgule devra le suivre immédiatement. On écrira donc

$$17259^{\text{centim.}},8.$$

§ II. *Mesures de superficie.*

141. Les superficies ou surfaces se mesurent toujours au moyen du carré fait sur l'unité de longueur. — Un *carré* est une figure terminée par quatre lignes droites, égales entre elles, et formant quatre angles égaux (fig. 2). Chacune des lignes droites qui terminent le carré est appelée *côté* de ce carré. — Lorsqu'un carré doit former une unité de superficie, chaque côté AB, BC, CD ou AD, doit être une unité de longueur.

Nous avons dit tout à l'heure que l'unité de longueur est le mètre ou l'un de ses multiples, suivant les circonstances : le côté du carré pris pour unité de superficie sera donc aussi le mètre ou un multiple du mètre.

142. Dans les circonstances les plus ordinaires, le carré pris pour unité de superficie a pour côté le mètre, et s'appelle pour cette raison *mètre carré*.

Il a pour sous-multiple le *décimètre carré*, c'est-à-dire un carré dont le côté a un décimètre de longueur; le *centimètre carré*, c'est-à-dire un carré dont le côté a un centimètre de longueur; le *millimètre carré*, c'est-à-dire un carré dont le côté a un millimètre de longueur.

143. Supposons que le carré ABCD (fig 2) soit un *mètre carré*, ou, en d'autres termes, que chaque côté ait un mètre de longueur. Si je partage les deux côtés opposés AB, CD, chacun en dix parties égales, chaque partie sera un décimètre. Si donc je joins deux à deux par des lignes droites les points de division a, a', b, b', c, c', etc. (*a*) je formerai dans le carré

(*a*) L'accent placé à la droite d'une lettre s'énonce *prime*. Ainsi a' se lira *a prime*.

dix bandes A$D aa'$, $aa'bb'$, $bb'cc'$, etc., dont chacune aura un mètre de long et un décimètre de haut Je partage maintenant les deux autres côtés AD, BC, chacun en dix parties égales : chaque partie est un décimètre. J'unis deux à deux par des lignes droites les points de division j, j', k, k', l, l', etc. Je forme ainsi, dans chacune des dix bandes que j'avais tout-à-l'heure, dix petits carrés Bisj, $jstk$, $ktul$, etc., dont chaque côté a un décimètre de longueur; en d'autres termes, dix *décimètres carrés*. Mais, si chaque bande contient dix décimètres carrés, les dix bandes en contiennent dix fois dix ou cent. On voit donc qu'*un mètre carré équivaut à cent décimètres carrés*.

On prouverait de même qu'*un décimètre carré vaut cent centimètres carrés*, qu'*un centimètre carré vaut cent millimètres carrés*.

144. Si l'on écrit $8^{m.\,c.},35$, cela ne signifie pas 8 mètres carrés 35 centimètres carrés ; mais 8 mètres carrés 35 centièmes de mètre carré. Or la centième partie d'un mètre carré est un décimètre carré, ainsi qu'on vient de le voir. On lira donc 8 mètres carrés 35 décimètres carrés.

Pareillement, le nombre $64^{m.\,c.},2537$ s'énoncera 64 mètres carrés 25 décimètres carrés 37 centimètres carrés, ou bien 64 mètres carrés 2537 centimètres carrés.

Soit encore $3^{m.\,c.},046$; ce nombre peut s'énoncer 3 mètres carrés 46 millièmes de mètre carré. Mais, comme on ne change pas la valeur d'une fraction décimale en ajoutant un zéro à sa droite (120), on peut supposer écrit $3^{m.\,c.},0460$, et lire 3 mètres carrés 460 centimètres carrés.

Rien de plus facile, d'ailleurs, que de changer l'unité principale Soit le nombre $275^{m.\,c.},6349$, et supposons qu'on veuille prendre le décamètre carré pour unité. Le chiffre 2, qui représente des décamètres carrés, devant devenir le chiffre des unités, devra être immédiatement suivi de la virgule. On écrira donc

$$2^{\text{décam.\,c.}},756349.$$

Il importe d'exercer beaucoup les élèves à ce genre de conversion, ainsi qu'à la lecture et à l'écriture des nombres d'unités de superficie.

Cours élémentaire d'Arithmétique.

145. Lorsqu'il s'agit de grandes étendues, comme de celles d'un champ, d'une forêt, l'unité de longueur est le décamètre. Alors, l'unité de superficie est le carré dont le côté a un décamètre de longueur. Ce carré porte le nom d'*are*.

Le seul multiple de l'are est l'*hectare*, qui vaut cent ares : son seul sous-multiple est le *centiare*, qui est la centième partie de l'are.

Des raisonnements pareils à ceux du n° 143 prouveront aisément que l'*are vaut cent mètres carrés;* et que, *par conséquent, le centiare ne diffère pas du mètre carré;* que, d'un autre côté, *un carre ayant cent mètres de côté vaut cent ares;* que, *par conséquent, l'hectare ne diffère pas d'un hectomètre carré.*

---

§ III. *Mesures de volume.*

146. Les volumes ou capacités se mesurent toujours au moyen d'un *cube* fait sur l'unité de longueur. — Un *cube* est un volume terminé par six carrés égaux : on en a un exemple dans un dé à jouer. L'un quelconque des côtés de ces carrés est appelé côté du cube. — Quand un cube doit servir d'unité de volume, chacun de ses côtés doit être une unité de longueur.

L'unité de longueur peut être le mètre ou ses sous-multiples, suivant les circonstances. Aussi le côté du cube pris pour unité de volume sera-t-il le mètre ou un sous-multiple du mètre.

147. Dans un très-grand nombre de circonstances, le cube pris pour unité de volume a pour côté un mètre, et s'appelle pour cette raison un *mètre cube*. C'est au mètre cube que se mesurent, par exemple, les travaux de maçonnerie, de terrassement, les blocs de marbre et de pierre, le sable, les bois de charpente.

Le mètre cube a pour sous-multiples le *décimètre cube*, c'est-à-dire un cube dont chaque côté a un décimètre de longueur; le *centimètre cube*, c'est-à-dire un cube dont chaque côté a un centimètre de longueur; le *millimètre cube*, c'est-à-dire un cube dont chaque côté a un millimètre de longueur.

148. Supposons que le cube A*fcgdabc* (fig. 3) soit un *décimètre cube*, ou, en d'autres termes, que chaque côté ait un décimètre de longueur. Si je pose les uns sur les autres dix cubes égaux au premier, je formerai une colonne AA′*gg′ee′ff′*, ayant un décimètre carré pour base et un mètre de hauteur. Si je mets les unes derrière les autres dix colonnes égales à la première, je constituerai une bande AA′GG′EE′*ff′*, qui aura un mètre de hauteur, un mètre de profondeur, et un décimètre de largeur. Si, enfin, je place les unes à côté des autres dix bandes égales à la première, il en résultera un cube AA′GG′CC′BB′, dont chaque côté aura un mètre de longueur, c'est-à-dire un *mètre cube*. Or la colonne AA′*gg′ee′ff′* a été formée de dix décimètres cubes : la bande AA′GG′EE′*ff′*, formée de dix colonnes égales à la première, contient donc dix fois dix ou cent décimètres cubes. Par conséquent, le cube AA′GG′CC′BB′, formé de dix bandes égales à la précédente, contient dix fois cent ou mille décimètres cubes. On voit ainsi qu'*un mètre cube équivaut à mille décimètres cubes*.

On prouverait de la même manière qu'*un décimètre cube vaut mille centimètres cubes; qu'un centimètre cube vaut mille millimètres cubes*.

149. Si l'on écrit 8$^{m.\ cu.}$,356, cela ne signifie pas 8 mètres cubes 356 millimètres cubes; mais 8 mètres cubes 356 millièmes de mètre cube. Or la millième partie d'un mètre cube est un décimètre cube, ainsi qu'on vient de le voir. On lira donc 8 mètres cubes 356 décimètres cubes.

Pareillement, le nombre 64$^{m.\ cu.}$,253798 s'énoncera 64 mètres cubes 253 décimètres cubes 798 centimètres cubes, ou bien 64 mètres cubes 253798 centimètres cubes.

Soit encore 3$^{m.\ cu}$,46 ; ce nombre peut s'énoncer 3 mètres cubes 46 centièmes de mètre cube. Mais, comme on ne change pas la valeur d'une fraction décimale en ajoutant un zéro à sa droite (120), on peut supposer écrit 3$^{m.\ cu}$,460, et lire 3 mètres cubes 460 décimètres cubes.

Il est très-facile, d'ailleurs, de changer l'unité principale. Soit le nombre 64$^{m.\ cu.}$,233798, et supposons que l'on veuille prendre le décimètre cube pour unité principale. Le chiffre 3, qui exprime des décimètres cubes, devant devenir le chiffre des unités, devra être immédiatement suivi de la virgule. On écrira donc

$$64253^{\text{décim. cu.}},798.$$

Il importe d'exercer beaucoup les élèves à ce genre de conversions, ainsi qu'à la lecture et à l'écriture des nombres d'unités de volume.

150. Le mètre cube est encore l'unité de volume employée pour la mesure du bois de chauffage : appliqué à ce genre de mesure, le mètre cube reçoit le nom de *stère*.

Le seul multiple du stère est le *décastère*, qui vaut dix stères : son seul sous-multiple est le *décistère*, qui est la dixième partie du stère.

151. Pour former le stère, on a un châssis en bois (fig. 4) : la barre inférieure AB, appelée *sole*, soutient deux autres barres AC, BD, nommées *montants*, qui lui sont perpendiculaires. La portion de la sole comprise entre les deux montants a un mètre de longueur. Une traverse se place parallèlement à la sole d'un montant à l'autre, à une hauteur marquée par des divisions qui sont tracées sur les montants. Les bûches se disposent suivant des directions horizontales, parallèles entre elles et perpendiculaires à la sole, de manière à remplir tout le cadre servant de mesure.

La hauteur de la traverse varie suivant la longueur des bûches. Si les bûches ont un mètre de long, la traverse devra être placée à un mètre de hauteur au-dessus de la sole.

Les bûches ont-elles $1^m,14$ de longueur? Pour trouver alors la hauteur de la traverse, divisez 1 par 1,14: le quotient $0^m,88$ sera la hauteur cherchée.

Généralement, la hauteur de la traverse sera le quotient de 1 par la longueur des bûches. Nous ne démontrons pas ce fait, qui est une conséquence des principes de la géométrie.

152. Pour la mesure des *liquides*, comme le vin, le cidre, la bière, l'eau-de-vie, dans le commerce de détail, on prend pour unité de volume le décimètre

cube, qui reçoit alors le nom de *litre*. Seulement, comme la forme cubique serait peu commode pour les usages du commerce, on donne au litre la forme d'un cylindre (fig. 5), ayant la même capacité qu'un décimètre cube.

Les multiples du litre sont le *décalitre*, qui vaut dix litres; l'*hectolitre*, qui vaut cent litres; le *kilolitre*, qui vaut mille litres. Ses sous-multiples sont le *décilitre*, qui est la dixième partie du litre, et le *centilitre*, qui est la centième partie du litre.

Des raisonnements pareils à ceux du n° 148 prouveront aisément qu'*un kilolitre est un mètre cube; qu'un litre vaut mille centimètres cubes.*

Pour le commerce en demi-gros, les liquides se mesurent à l'hectolitre.

Les mêmes mesures sont employées pour les grains et pour le charbon.

153. Les multiples et les sous-multiples du litre étant de dix en dix fois plus petits, il en résulte qu'un assemblage quelconque de litres et de sous-multiples du litre formera toujours un nombre décimal, et s'écrira comme s'écrivent les nombres décimaux. Par exemple, cent soixante-quatre litres soixante-dix-neuf centilitres s'écriront

$$164^{l},79.$$

Si l'on veut prendre le décalitre pour unité, l'on écrira (140)

$$16^{décal.},479.$$

Si l'on veut prendre pour unité le centilitre, on écrira

$$1647^{centil.},9.$$

§ IV. *Mesures de poids.*

154. L'unité de poids se nomme *gramme*: c'est le poids d'un centimètre cube d'eau *distillée*, à son *maximum de densité*.

L'eau de pluie, l'eau de source, l'eau de rivière,

l'eau de mer n'ont pas absolument la même composition : toutes sont formées d'un même liquide ; mais dans ce liquide se trouvent dissoutes des substances étrangères, qui sont en quantité plus ou moins grande dans les différentes eaux. Un centimètre cube d'eau pèse d'autant plus que l'eau dont il s'agit contient plus de substances étrangères : par exemple, un centimètre cube d'eau de mer pèse plus qu'un centimètre cube d'eau de rivière. Pour que l'eau renfermée dans un centimètre cube eût un poids bien déterminé, il fallait donc prendre de l'eau pure : or on l'obtient à cet état par une opération que l'on nomme *distillation*. Voilà pourquoi nous disons que le gramme est le poids d'un centimètre cube d'eau *distillée*.

Supposez un vase plein d'eau : si vous le chauffez, la chaleur augmentera le volume de l'eau qui, ne pouvant plus être contenue tout entière dans le vase, sortira en partie par dessus les bords. La portion d'eau qui, restant dans le vase échauffé, en remplira toute la capacité, pèsera moins que la totalité de l'eau, qui remplissait primitivement la capacité du vase froid. Ainsi un même volume d'eau n'a pas le même poids à tous les degrés de chaleur. Pour bien fixer la valeur du gramme, il a donc fallu mesurer le centimètre cube d'eau distillée à un degré de chaleur déterminé. On a fait choix d'un point remarquable que l'eau présente. Ce liquide offre cette circonstance singulière que, à partir d'un certain degré, il augmente de volume, soit qu'on l'échauffe, soit qu'on le refroidisse : ce degré est ce que l'on appelle son *maximum de densité*.

155. Les multiples du gramme sont le *décagramme* qui vaut dix grammes, l'*hectogramme* qui vaut cent grammes, le *kilogramme* qui vaut mille grammes, le *myriagramme* qui vaut dix mille grammes.

Ses sous-multiples sont le *décigramme* qui est la dixième partie du gramme, le *centigramme* qui est la centième partie du gramme, le *milligramme* qui est la millième partie du gramme.

156. Les multiples et les sous-multiples du gramme étant de dix en dix fois plus petits, il en résulte qu'un assemblage quelconque de grammes et de sous-multiples du gramme formera toujours un nombre déci-

mal, et s'écrira comme s'écrivent les nombres décimaux. Par exemple, deux cent dix-huit grammes quatre-vingt-dix-sept centigrammes s'écriront

$$218^{gr.},97.$$

Veut-on prendre le décagramme pour unité? l'on écrira (140)

$$21^{décagr.},897.$$

Veut-on prendre pour unité le décigramme? on écrira

$$2189^{décigr.},7.$$

157. Il ne sera pas inutile d'ajouter une remarque. D'après la formation même du gramme, un centimètre cube d'eau pèse un gramme. Or un litre équivaut à 1000 centimètres cubes (152) : donc un litre d'eau pèse 1000 grammes ou 1 kilogramme.

§ V. *Monnaies.*

158. L'unité monétaire est le *franc* : c'est une pièce du poids de cinq grammes, formée de neuf parties d'argent et d'une partie de cuivre.

Le cuivre faisant le dixième du poids total de la pièce, qui est 5 grammes, il en résulte que le poids du cuivre est 5 décigrammes : par conséquent, celui de l'argent est $4^{gr.},5$.

159. Le franc ne forme point de multiples. — Ses sous-multiples sont le *décime* qui en est la dixième partie, et le *centime* qui en est la centième partie.

D'où il suit qu'un assemblage quelconque de francs et de sous-multiples du franc formera toujours un nombre décimal, et s'écrira comme s'écrivent les nombres décimaux. Par exemple, quatre cent quatre-vingt-quinze francs soixante-quinze centimes s'écriront

$$495^{fr.},75.$$

Si l'on veut prendre le décime pour unité, l'on écrira (140)

$$4957^{déc.},5.$$

Cours élémentaire d'Arithmétique. 105

160. Nous avons dit (138) que le mètre a servi à former toutes les unités du système des poids et mesures. Cela est évident pour les mesures de longueur, de superficie et de volume. Quant aux poids, le gramme dérive bien du mètre, puisque c'est le poids d'un *centimètre cube* d'eau. Enfin, le franc, étant une pièce du poids de cinq grammes, dérive du gramme et, par suite, il dérive indirectement du mètre.

§ VI. *Calcul des mesures légales.*

161. On a vu dans ce qui précède que tout nombre d'unités et de sous-multiples d'unités appartenant au système légal est un nombre décimal. Il en résulte que les nombres qui expriment les mesures légales se calculent comme les nombres décimaux. Nous donnerons seulement un exemple de chaque opération.

1° *Addition.* — Ajouter $377^{décim.},4$; $25^{m.},678$; $0^{kilom.},009368$. Je commence par convertir tout en mètres ; ce qui me donne $37^{m.},74$; $25^{m.},678$; $9^{m.},368$. Je fais ensuite l'addition comme celle de trois nombres décimaux abstraits (123).

$$\begin{array}{r} 37^{m.},74 \\ 25\phantom{^{m.}},678 \\ 9\phantom{^{m.}},368 \\ \hline 72^{m.},786 \end{array}$$

2° *Soustraction.* — De $25^{hectogr.},0769$, retrancher $8^{décagr.},645$. Je commence par convertir tout en décagrammes, ce qui me donne $250^{décagr.},769 - 8^{décagr.},645$. Je fais ensuite la soustraction comme celle de deux nombres décimaux abstraits (124).

$$\begin{array}{r} 250^{décagr.},769 \\ 8\phantom{^{décagr.}},645 \\ \hline 242^{décagr.},124 \end{array}$$

3° *Multiplication.* — Quel est le prix de $25^{lit.},74$ de liqueur à $2^{fr.},35$ le litre ? Ce prix est $2^{fr.},35 \times 25,74$. Je multiplie donc le nombre abstrait $2,35$ par $25,74$, et le produit exprimera des francs (47).

```
              2,35
             25,74
             -----
              940
             1645
             1175
              470
             -----
               fr.
            60,4890
```

4° *Division.* — Un mètre de drap coûtant 25f,4, combien aura-t-on de mètres pour 93f,98 ? Autant de mètres que 25,4 est contenu de fois dans 93,98. Je divise donc 93,98 par 25,4, et le quotient sera un nombre de mètres (63).

```
    9398  | 2540
   17780  | 3m,7
    0000
```

DEUXIÈME PARTIE.

QUESTIONNAIRE.

CHAPITRE PRÉLIMINAIRE.

Définitions. — Formation des nombres.

1. Qu'appelle-t-on grandeur ou quantité ? — Citer des exemples.

2. Peut-on comparer des quantités de nature différente ?

3. Quel serait le moyen direct de comparer deux quantités ? — Ce moyen est-il toujours praticable ? — Quel est le procédé général auquel on a recours ?

4. Qu'appelle-t-on unité ? — Qu'est-ce que mesurer une quantité ? — Qu'est-ce qu'un nombre ?

5. Qu'est-ce qu'un nombre entier ? — Qu'est-ce qu'une fraction ? — Qu'est-ce qu'un nombre fractionnaire ?

6. Comment se forment les nombres entiers ? — Combien y a-t-il de nombres entiers ? — Comment se forme une fraction ? — Combien de nombres sont nécessaires pour qu'une fraction soit connue ? — Qu'appelle-t-on termes d'une fraction, numérateur, dénominateur ? — Qu'indique le numérateur ? — Qu'indique le dénominateur ?

7. Qu'appelle-t-on nombre concret, nombre abstrait ?

CHAPITRE Ier.

Numération parlée.

8. Qu'est-ce que la numération parlée ? — Comment peut-on la diviser ?

ARTICLE Ier. — *Numération parlée des nombres entiers.*

9. La numération parlée des nombres entiers est-elle importante à connaître ?

10. Quels sont les noms des neuf premiers nombres ?

11. Qu'appelle-t-on dizaine ou unité du second ordre ? — Comment se comptent les dizaines ? — Comment se complète l'intervalle de deux dizaines consécutives ?

12. Quels sont les noms exceptionnels que l'usage a consacrés ?

13. Qu'appelle-t-on centaine ou unité du troisième ordre ? — Comment se comptent les centaines ? — Comment se complète l'intervalle de deux centaines consécutives ?

14. Combien de noms sont nécessaires pour compter jusqu'à neuf cent quatre-vingt-dix-neuf ? — Rappeler ce que l'on appelle unités de différents ordres. — Combien chaque unité d'un ordre en vaut-elle de l'ordre immédiatement inférieur ? — Qu'entend-on par classe des unités simples ?

15. Qu'appelle-t-on mille ou unité du quatrième ordre ? — Dizaine de mille ou unité du cinquième ordre ? — Centaine de mille ou unité du sixième ordre ? — Classe des mille ? — Comment se comptent les mille, les dizaines de mille et les centaines de mille ? — Comment se complète l'intervalle entre deux mille consécutifs ?

16. Qu'appelle-t-on million ou unité du septième ordre ? — Classe des millions ? — Dizaine de millions ou unité du huitième ordre ? — Centaine de millions ou unité du neuvième ordre ? — Comment se comptent les millions, les dizaines de millions et les centaines de millions ? — Comment se complète l'intervalle de deux millions consécutifs ?

17. Citer les noms des classes qui suivent celle des millions.

Cours élémentaire d'Arithmétique.

ARTICLE II. — *Numération parlée des fractions.*

18. Comment nomme-t-on généralement une fraction? — Quelles sont les fractions pour lesquelles l'usage a établi une exception?

ARTICLE III. — *Numération parlée des nombres fractionnaires.*

19. A quoi se réduit la numération parlée des nombres fractionnaires?

CHAPITRE II.

Numération écrite.

20. Qu'est-ce que la numération écrite? — Qu'appelle-t-on chiffres?

ARTICLE Ier. — *Numération écrite des nombres entiers.*

21. Quels sont les chiffres qui représentent les neuf premiers nombres?

22. Ces mêmes chiffres peuvent-ils servir à désigner des collections d'unités de différents ordres?

23. Comment fait-on pour marquer l'ordre des unités qu'un chiffre représente?

24. Qu'est-ce qu'un zéro? — Quelle en est la forme? — A quoi sert-il?

25. Combien de valeurs un chiffre a-t-il dans un nombre écrit? — Qu'appelle-t-on valeur absolue? — Qu'appelle-t-on valeur locale ou relative?

26. Que faut-il faire pour écrire un nombre d'après son énoncé?

27. Que faut-il faire pour lire un nombre écrit?

28. Quel changement subit un nombre entier, lorsqu'on écrit à sa droite un ou plusieurs zéros?

29. Quand un nombre entier se termine par des zéros, quel changement subit-il par la suppression d'un ou de plusieurs de ces zéros?

ARTICLE II. — *Numération écrite des fractions.*

30. Comment écrit-on une fraction ?

ARTICLE III. — *Numération écrite des nombres fractionnaires.*

31. Comment écrit-on un nombre fractionnaire ?

CHAPITRE III.

OPÉRATIONS SUR LES NOMBRES ENTIERS.

ARTICLE Ier. — *Addition.*

32. Qu'appelle-t-on addition ? — Somme ou total ? — Par quel signe indique-t-on que plusieurs nombres doivent être ajoutés ?

33. Comment ajoute-t-on à un nombre quelconque un nombre d'un seul chiffre ?

34. Énoncer et expliquer la règle générale pour l'addition des nombres entiers.

35. Est-il indispensable d'écrire les unités de même ordre dans une même colonne verticale ? — Est-il indispensable de commencer l'addition par la droite ?

ARTICLE II. — *Soustraction.*

36. Qu'appelle-t-on soustraction ? — Reste, excès ou différence ? — Par quel signe indique-t-on qu'un nombre doit être soustrait d'un autre ?

37. Comment retranche-t-on un nombre d'un seul chiffre d'un autre nombre composé, soit d'un seul chiffre, soit d'une dizaine et d'un nombre d'unités moindre que le nombre à soustraire ?

Cours élémentaire d'Arithmétique. 111

38. La différence de deux nombres change-t-elle, quand on ajoute à ces deux nombres une même quantité ?

39. Énoncer et expliquer la règle générale pour la soustraction des nombres entiers.

40. Est-il indispensable d'écrire les unités de même ordre dans une même colonne verticale ? — Est-il indispensable de commencer la soustraction par la droite ? — Est-il indispensable d'écrire le plus petit nombre au-dessous du plus grand ?

ARTICLE III. — *Preuves de l'addition et de la soustraction.*

41. Qu'appelle-t-on preuve d'une opération ?

42. Indiquer et expliquer les trois moyens que l'on emploie pour faire la preuve de l'addition.

43. Indiquer les deux moyens que l'on emploie pour faire la preuve de la soustraction.

44. Lorsqu'on a fait la preuve d'une opération, est-on sûr que cette opération a été bien faite ? — Quand la preuve d'une opération annonce que cette opération a été mal faite, est-on sûr qu'elle l'ait été véritablement ?

ARTICLE IV. — *Multiplication.*

45. Qu'appelle-t-on multiplication ? — Multiplicande, multiplicateur, produit, facteurs du produit ? — Par quels signes indique-t-on que deux nombres doivent être multipliés l'un par l'autre ?

46. A quoi revient la multiplication quand le multiplicateur est un nombre entier ? — Le produit d'une multiplication est-il toujours plus grand que le multiplicande ?

47. Quelle est la nature des unités du produit ? — Par quelle raison le multiplicateur est-il toujours un nombre abstrait ?

48. Comment multiplie-t-on un nombre entier par 10, 100, 1000, etc. ?

49. Montrer que la multiplication des nombres entiers est une addition abrégée.

50. Que doit-on faire lorsque le multiplicande est terminé par des zéros?

51. Prouver qu'on multiplie un nombre par un produit de deux facteurs en le multipliant successivement par chacun des deux facteurs.

52. Que doit-on faire lorsque le multiplicateur est terminé par des zéros?

53. Que doit-on faire lorsque les deux facteurs sont terminés par des zéros?

54. Combien de cas principaux distingue-t-on dans la multiplication des nombres entiers?

55. Comment construit-on la table de Pythagore, et comment l'emploie-t-on pour multiplier l'un par l'autre deux nombres d'un seul chiffre?

56. Comment multiplie-t-on un nombre de plusieurs chiffres par un nombre d'un seul?

57. Comment multiplie-t-on l'un par l'autre deux nombres de plusieurs chiffres?

58. Quand on multiplie un nombre de plusieurs chiffres par un nombre d'un seul, est-il nécessaire de commencer la multiplication par la droite? — Quand on multiplie un nombre de plusieurs chiffres par un autre nombre de plusieurs, est-il nécessaire 1° de prendre les chiffres du multiplicande de droite à gauche; 2° de prendre les chiffres du multiplicateur de droite à gauche?

59. Prouver que le produit de deux nombres ne change pas de valeur abstraite, lorsqu'on prend le multiplicande pour multiplicateur et le multiplicateur pour multiplicande.

60. Quels changements éprouve un produit, si l'on rend : 1° le multiplicateur 2, 3, 4 fois plus grand; 2° le multiplicateur 2, 3, 4 fois plus petit; 3° le multiplicande 2, 3, 4 fois plus grand; 4° le multiplicande 2, 3, 4 fois plus petit?

61. Indiquer deux moyens de faire la preuve d'une multiplication.

ARTICLE V. — *Division.*

62. Qu'est ce qu'une division? — Qu'appelle-t-on dividende, diviseur, quotient? — Quel résultat doit-on obtenir en multipliant le diviseur par le quotient? — Par quels signes indique-t-on qu'un nombre doit être divisé par un autre?

63. De quelle nature sont les unités du quotient 1° quand le dividende et le diviseur ne représentent pas des unités de même espèce; 2° quand le dividende et le diviseur sont de même nature?

64. A quoi revient la division quand le diviseur est un nombre entier?

65. Montrer qu'une fraction est le quotient de son numérateur par son dénominateur.

66. Montrer que si le dividende est plus grand que le diviseur, le quotient ne peut pas être une fraction. — Dans quel cas dit-on que le dividende est exactement divisible par le diviseur, ou que le dividende est un multiple du diviseur?

67. Montrer que la partie entière du quotient est composée d'autant d'unités que le diviseur est contenu de fois dans le dividende.

68. Comment peut-on, à l'inspection du dividende et du diviseur, savoir combien il y aura de chiffres au quotient?

69. Combien de cas principaux distingue-t-on dans la division des nombres entiers?

70. Comment fait-on la division, quand le dividende et le diviseur sont tous deux composés d'un seul chiffre?

71. Quand la division conduit à un reste, comment complète-t-on le quotient? — Faire voir que le diviseur multiplié par la partie entière du quotient donne un produit qui, augmenté du reste, forme le dividende.

72. Montrer que, si l'on augmente d'une unité le premier chiffre à gauche d'un nombre et que l'on remplace tous les autres chiffres par des zéros, le nombre est augmenté, au moins d'une unité.

73. Comment fait-on la division quand, le diviseur n'ayant qu'un chiffre, le quotient en a plusieurs?

74. Comment abrège-t-on l'opération dans la pratique?

75. Comment fait-on la division quand, le diviseur ayant plusieurs chiffres, le quotient n'en a qu'un?

76. Comment fait-on la division quand le diviseur et le quotient sont tous deux composés de plusieurs chiffres?

77. Comment dispose-t-on l'opération dans la pratique?

78. Ne peut-on pas abréger la division, en faisant les soustractions en même temps que les multiplications?

79. Est-il indispensable de commencer la division par la gauche?

80. Quels changements subit le quotient, lorsqu'on rend 1° le dividende 2, 3, 4 fois plus grand ou plus petit; 2° le diviseur 2, 3, 4 fois plus grand ou plus petit?

81. Montrer que le quotient ne change pas lorsqu'on rend le dividende et le diviseur un même nombre de fois plus grands ou plus petits? — Quel changement subit alors le reste, s'il y a en un?

82. Que doit-on faire, quand le dividende et le diviseur sont terminés par des zéros?

ARTICLE VI. — *Preuves de la multiplication et de la division.*

83. Comment fait-on la preuve de la multiplication par la division?

84. Indiquer deux moyens de faire la preuve de la division.

CHAPITRE IV.

OPÉRATIONS SUR LES FRACTIONS.

ARTICLE Ier. — *Comparaison des fractions.*

85. Rappeler ce que c'est qu'une fraction, la formation et la numération des fractions. — Rappeler aussi qu'une fraction est le quotient de son numérateur par son dénominateur.

86. De deux fractions ayant même dénominateur, laquelle est la plus grande ?

87. De deux fractions ayant même numérateur, laquelle est la plus grande ?

88. Quel changement subit une fraction dont on rend le numérateur 2, 3, 4 fois plus grand ou plus petit, sans modifier le dénominateur ?

89. Quel changement subit une fraction dont on rend le dénominateur 2, 3, 4 fois plus grand ou plus petit, sans modifier le numérateur ?

90. Prouver qu'on ne change pas la valeur d'une fraction, en multipliant ou en divisant les deux termes par un même nombre.

91. Qu'est-ce que réduire des fractions au même dénominateur ? — Quel est le moyen général d'opérer cette réduction ?

92. Ne peut-on pas opérer plus simplement : 1° lorsqu'un dénominateur est exactement divisible par tous les autres ; 2° lorsqu'un dénominateur est exactement divisible par un ou plusieurs autres ; 3° lorsqu'on s'aperçoit qu'un nombre plus petit que le produit de tous les dénominateurs est exactement divisible par chacun d'eux ?

93. Comment fait-on pour comparer deux fractions qui n'ont ni même numérateur, ni même dénominateur ?

94. Faire voir qu'une fraction devient plus grande, lorsqu'on ajoute un même nombre à ses deux termes.

116   *Cours élémentaire d'Arithmétique.*

ARTICLE II. — *Des expressions fractionnaires.*

95. Qu'appelle-t-on fraction proprement dite, et expression fractionnaire? — Comparer l'une et l'autre à l'unité.

96. Montrer qu'une expression fractionnaire devient plus petite, lorsqu'on ajoute un même nombre à ses deux termes.

97. Comment fait-on pour changer une expression fractionnaire en un nombre fractionnaire ?

98. Comment fait-on pour transformer un nombre fractionnaire en une expression fractionnaire?

ARTICLE III. — *Addition des fractions.*

99. Comment additionne-t-on des fractions qui ont le même dénominateur? — Que faut-il faire, lorsque les fractions n'ont pas le même dénominateur ?

100. Comment peut-on ramener l'addition des nombres fractionnaires à celle des fractions ?

101. Ne peut-on pas additionner des nombres fractionnaires, sans les convertir en expressions fractionnaires ?

ARTICLE IV. — *Soustraction des fractions.*

102. Comment retranche-t-on l'une de l'autre deux fractions qui ont même dénominateur? — Que faut-il faire, si les deux fractions n'ont pas le même dénominateur ?

103. Comment peut-on ramener la soustraction des nombres fractionnaires à celle des fractions ?

104. Ne peut-on pas faire la soustraction des nombres fractionnaires, sans les convertir en expressions fractionnaires.

ARTICLE V. — *Multiplication des fractions.*

105. Combien de cas distingue-t-on dans la multiplication des fractions ?

106. Quelle est la règle générale pour multiplier une fraction par un nombre entier? — Ne peut-on pas

opérer plus simplement, quand le dénominateur de la fraction est divisible par le nombre entier ?

107. Comment multiplie-t-on un nombre entier par une fraction ?

108. Comment multiplie-t-on une fraction par une autre fraction ?

109. Comment multiplie-t-on l'un par l'autre deux nombres fractionnaires, en les convertissant ou non en expressions fractionnaires ?

ARTICLE VI. — *Des fractions de fractions.*

110. Qu'appelle-t-on fractions de fractions? — Comment évalue-t-on une fraction de fractions ?

ARTICLE VII. — *Division des fractions.*

111. Combien de cas distingue-t-on dans la division des fractions ?

112. Comment divise-t-on une fraction par un nombre entier ? — Ne peut-on pas opérer plus simplement, quand le numérateur de la fraction est divisible par le nombre entier ?

113. Comment divise-t-on un nombre entier par une fraction ?

114. Comment divise-t-on une fraction par une autre fraction ?

115. Comment divise-t-on un nombre fractionnaire par un autre ?

CHAPITRE V.

DES FRACTIONS DÉCIMALES ET DES NOMBRES DÉCIMAUX.

ARTICLE Ier. — *Notions générales.*

116. Qu'appelle-t-on fraction décimale? — Qu'est-ce qu'un nombre décimal ?

117. Faire voir qu'une fraction décimale dont le numérateur a plus d'un chiffre peut toujours être consi-

118 *Cours élémentaire d'Arithmétique.*

dérée comme la somme de plusieurs autres fractions décimales, ayant pour numérateurs les différents chiffres du numérateur de la fraction proposée.

118. Comment écrit-on une fraction décimale ou un nombre décimal ?

119. Comment lit-on une fraction décimale ou un nombre décimal ?

120. Prouver qu'on ne change pas la valeur d'un nombre décimal, en écrivant des zéros à sa droite.

121. Comment réduit-on plusieurs fractions décimales au même dénominateur ?

122. Quel changement subit un nombre décimal, lorsqu'on avance la virgule de 1, 2, 3, 4 rangs vers la droite ou vers la gauche ?

ARTICLE II. — *Addition des nombres décimaux.*

123. Comment fait-on l'addition des nombres décimaux ?

ARTICLE III. — *Soustraction des nombres décimaux.*

124. Comment fait-on la soustraction des nombres décimaux ?

ARTICLE IV. — *Multiplication des nombres décimaux.*

125. Comment fait-on la multiplication des nombres décimaux ?

ARTICLE V. — *Division des nombres décimaux.*

126. Comment fait-on la division des nombres décimaux ?

CHAPITRE VI.

CONVERSION DES FRACTIONS ORDINAIRES EN DÉCIMALES, ET RÉCIPROQUEMENT.

127. Quelle est la règle à suivre pour convertir une fraction ordinaire en fraction décimale ?

Cours élémentaire d'Arithmétique. 119

128. Est-il toujours possible de convertir une fraction ordinaire en fraction décimale? — Qu'appelle-t-on fraction décimale périodique, et qu'est-ce que la période ?

129. Quand dit-on qu'une fraction décimale périodique est simple, mixte ?

130. Prouver que, si une fraction ordinaire ne peut pas être exactement convertie en fraction décimale, en opérant la conversion, on arrivera nécessairement à une fraction décimale périodique.

131. Quand une fraction ordinaire ne peut pas être convertie en fraction décimale et que l'on se borne à un certain nombre de chiffres décimaux, quelle erreur commet-on ? — Comment peut-on rendre l'erreur moindre qu'une demi-unité de l'ordre exprimé par le chiffre auquel on s'arrête ?

132. Comment peut-on exprimer sous forme de fraction décimale, et avec une approximation donnée, le quotient d'une division qui ne se fait pas exactement ?

133. Combien la conversion d'une fraction décimale en fraction ordinaire peut-elle offrir de cas ?

134. Comment change-t-on une fraction décimale terminée en fraction ordinaire ?

135. Comment change-t-on une fraction décimale périodique simple en fraction ordinaire ?

136. Comment change-t-on une fraction décimale périodique mixte en fraction ordinaire ?

CHAPITRE VII.

DES POIDS ET MESURES.

137. Qu'appelle-t-on système métrique ou système légal des poids et mesures ?

§ I. *Mesures de longueur.*

138. Quelle est l'unité de longueur ? — Pourquoi le

système légal des poids et mesures est-il appelé système métrique ?

139. Quels sont les multiples et les sous-multiples du mètre ? — Dans quelles circonstances les mots décamètre, hectomètre, kilomètre, myriamètre sont-ils employés ?

140. Comment écrire un nombre quelconque de mètres et de sous-multiples du mètre ? — Comment changer l'unité principale ?

§ II. *Mesures de superficie.*

141. Comment forme-t-on l'unité de superficie ? — Qu'appelle-t-on carré, côtés d'un carré ?

142. Qu'est-ce que le mètre carré ? — Que le décimètre carré ? — Que le centimètre carré ? — Que le millimètre carré ?

143. Combien un mètre carré vaut-il de décimètres carrés, un décimètre carré de centimètres carrés, etc.?

144. Comment lire et écrire un nombre quelconque de mètres carrés et de subdivisions du mètre carré ? — Comment change-t-on l'unité principale ?

145. Qu'est-ce qu'un are ? — Qu'appelle-t-on hectare, centiare ? — Combien l'are vaut-il de mètres carrés ? — Quelle différence y a-t-il entre un centiare et un mètre carré ? — Un hectare est-il autre chose qu'un hectomètre carré ?

§ III. *Mesures de volume.*

146. Comment forme-t-on l'unité de volume ? — Qu'appelle-t-on cube, côtés d'un cube ?

147. Qu'appelle-t-on mètre cube ? — Décimètre cube ? — Centimètre cube ? — Millimètre cube ?

148. Combien un mètre cube vaut-il de décimètres cubes, un décimètre cube de centimètres cubes, etc.?

149. Comment lire et écrire un nombre quelconque de mètres cubes et de subdivisions du mètre cube ? — Comment changer l'unité principale ?

150. Qu'appelle-t-on stère, décastère, décistère ?

151. Comment forme-t-on le stère? — Quelle hauteur faut-il donner aux montants, quand les bûches n'ont pas un mètre de long?

152. Qu'appelle-t-on litre? — Décalitre, hectolitre, kilolitre? — Décilitre, centilitre? — Quelle différence y a-t-il entre un kilolitre et un mètre cube? — Combien un litre contient-il de centimètres cubes?

153. Comment écrire un nombre quelconque de litres et de sous-multiples du litre? — Comment changer l'unité principale?

§ IV. *Mesures de poids.*

154. Qu'est-ce qu'un gramme? — Qu'appelle-t-on eau distillée, et pourquoi, dans la formation du gramme, a-t-on pris de l'eau distillée? — Qu'est-ce que le maximum de densité de l'eau? — Pourquoi, dans la formation du gramme, a-t-on pris de l'eau à son maximum de densité?

155. Qu'appelle-t-on décagramme, hectogramme, kilogramme, myriagramme, décigramme, centigramme, milligramme?

156. Comment écrire un nombre quelconque de grammes et de sous-multiples du gramme? — Comment changer l'unité principale?

157. Combien pèse un litre d'eau?

§ V. *Monnaies.*

158. Qu'est-ce qu'un franc? — Quel est le poids du cuivre et celui de l'argent contenus dans un franc?

159. Qu'appelle-t-on décime, centime? — Comment écrire un nombre quelconque de francs et de sous-multiples du franc? — Comment changer l'unité principale?

160. Montrer que toutes les unités du système métrique dérivent du mètre.

§ VI. *Calcul des mesures légales.*

161. Comment se font les calculs des nombres qui expriment les mesures légales?

TROISIÈME PARTIE.

PROBLÈMES.

PREMIÈRE SÉRIE.

PROBLÈMES SUR LES NOMBRES ENTIERS.

§ Ier. *Problèmes sur l'addition.*

1. Une personne est née en 1827; en quelle année aura-t-elle 49 ans?

2. Un individu s'est marié à 21 ans; après 5 ans de mariage, il a eu un fils qui est mort à l'âge de 49 ans, et auquel il a survécu de 8 ans. A quel âge le père est-il mort?

3. Une maison d'éducation est divisée en trois classes; la première a 36 élèves; la seconde en a 47, et la troisième 98. Quel est le nombre total des élèves?

4. On prend dans un sac d'argent 265 francs, et il y reste encore 827 francs. Combien y avait-il d'abord?

5. Un régiment est composé de quatre bataillons; le premier est de 975 hommes; le second de 948; le troisième de 1020; le quatrième de 986. Combien y a-t-il d'hommes dans ce régiment?

6. Quatre personnes ont joué ensemble. La première a perdu 36 francs; la seconde 25 francs; la troisième 48 francs. Combien la quatrième a-t-elle gagné?

7. Un homme s'est marié à 19 ans. Il a perdu sa femme 8 ans après. Resté veuf pendant 7 ans, il s'est marié de nouveau, et a eu, 5 ans après ce second mariage, un fils auquel il a survécu de 9 ans et qui est mort à 38 ans. A quel âge cet homme est-il parvenu?

8. Une personne a formé une propriété de quatre terrains qu'elle a achetés à quatre propriétaires différents. La portion vendue par le premier propriétaire est de 456 ares; celle qu'a vendue le second a 875 ares; celle qu'a vendue le troisième a 587 ares; celle qu'a vendue le quatrième a 627 ares. Quelle est la superficie totale de la propriété?

9. Une pépinière contient 356 poiriers, 547 pommiers, 429

cerisiers, 218 pêchers, 385 abricotiers. Combien contient-elle d'arbres en tout ?

10. De six nombres, le premier est 247 : le second surpasse le premier de 78 ; le troisième surpasse le second de 104 ; le quatrième surpasse le troisième de 130 ; le cinquième surpasse le quatrième de 156 ; enfin le sixième surpasse le cinquième de 182. Quelle est leur somme ?

11. Une personne a, par testament, disposé de sa fortune comme il suit : elle a légué à son frère 25500 francs ; à sa sœur 24800 francs ; aux hôpitaux 5400 francs ; à l'église 1860 francs ; aux pauvres 875 francs. Le reste a été partagé entre ses quatre enfants, mais l'aîné a eu 6500 francs de plus que le second ; celui-ci 4000 francs de plus que le troisième ; le troisième 3800 francs de plus que le quatrième ; et la part de ce dernier s'est élevée à 60000 francs. Quelle était la fortune de cette personne ?

12. Il y a 12 fagots placés sur une ligne droite, à 21 mètres les uns des autres. Un homme s'est chargé de les réunir tous au premier, mais il ne peut en porter qu'un à la fois. Quel chemin aura-t-il à faire en tout ?

§ II. *Problèmes sur la soustraction.*

13. Une personne qui devait 28465 francs, en a payé 7679 : que doit-elle encore ?

14. Une personne doit 7628 francs : elle possède 5349 francs. Que lui manque-t-il pour acquitter sa dette ?

15. On vend 36800 francs une maison que l'on a achetée 29695 francs. Combien gagne-t-on ?

16. La hauteur d'une rivière était de 124 centimètres. Elle baisse de 36 centimètres. Quelle est sa hauteur nouvelle ?

17. Il y a 98 lieues de Paris à Londres, en passant par Douvres, et 23 lieues de Douvres à Londres. Quelle est la distance de Paris à Douvres ?

18. Un vase pèse 14 kilogrammes. On le remplit d'huile, et il pèse alors 152 kilogrammes. Quel est le poids de l'huile ?

19. Quand le soleil est le plus éloigné de la terre, il en est à 35183000 lieues ; quand il en est le plus rapproché, il en est à 34017200 lieues. Quelle différence y a-t-il entre ces deux distances ?

20. Une personne est née en 1781. Quel âge a-t-elle eu en 1846 ?

21. La première croisade a eu lieu en 1096, et la dernière en 1270. Combien d'années ont duré ces expéditions ?

22. Une personne a eu 74 ans en 1846. Quelle a été l'année de sa naissance ?

Cours élémentaire d'Arithmétique.

23. Un homme laisse, en mourant, une fortune de 300000 francs. Il a légué par testament 96570 francs à différentes personnes, et le reste à son fils. Quel est l'héritage de celui-ci?

24. Un homme a 21597 francs de rentes : il dépense dans l'année 19428 francs, et donne le reste aux pauvres. Combien leur donne-t-il chaque année?

§ III. *Problèmes sur l'addition et la soustraction.*

25. Un homme a eu 35 ans en 1846. En quelle année aura-t-il 60 ans?

26. Un homme né en 1777 a eu un fils en 1812. De combien son âge surpasse-t-il celui de son fils?

27. Une maison d'éducation a 175 élèves. Il y en a 28 dans une classe, 35 dans une seconde, 48 dans une troisième. Combien y en a-t-il dans la quatrième classe?

28. Un marchand a deux débiteurs qui lui doivent ensemble 2544 francs. La dette du premier est de 1525 francs. Le second donne un à compte de 328 francs. Combien doit-il encore?

29. Un magasin contenait 18540 hectolitres de blé. On en a distribué 4540 hectolitres un premier jour, 648 hectolitres un second jour, 4896 hectolitres un troisième jour, 459 hectolitres un quatrième jour. Mais il en est rentré 132 hectolitres un jour, et 197 un autre jour. Combien en reste-t-il?

30. Un père ayant laissé 210500 francs à ses enfants, à la condition qu'ils acquitteraient ses dettes et que, de plus, ils paieraient quelques petits legs montant ensemble à la somme de 7598 francs, l'héritage des enfants a été de 198600 francs. Quel était le total des dettes du père?

31. Une personne a l'habitude de faire chaque année le compte de ses recettes et de ses dépenses. Elle a trouvé que, en 1845, elle a dépensé 1568 francs pour sa nourriture, 525 francs pour son loyer, 632 francs pour son entretien, 859 francs pour menues dépenses. Quant à ses recettes, elles se sont élevées à 7869 francs. Combien a-t-elle économisé?

32. Deux associés ont fait un fonds de 25600 francs. Le second a mis 16900 francs. Ils veulent rendre leurs mises égales. Combien le premier doit-il ajouter à la sienne?

33. Deux associés ont fait un fonds de 24800 francs. Le second n'a mis que 10590 francs. Ils veulent rendre leurs mises égales. Combien le premier doit-il retirer de la sienne?

34. Deux marchands s'associent pour leur commerce. Le fonds du premier vaut 15632 francs; il fait de plus une mise de 6476 francs en argent. Le fonds du second vaut 17968 francs. Quelle mise doit-il faire en argent pour que sa mise totale soit la même que celle de son associé?

Cours élémentaire d'Arithmétique. 125

35. Une personne a acheté un terrain 14598 francs, et un second 917 francs de moins que le premier. Combien lui ont coûté les deux ensemble?

36. Quatre ouvriers travaillant ensemble ont gagné, le premier 869 francs; le second 42 francs de plus que le premier; le troisième autant que les deux premiers ensemble; le quatrième 278 francs de moins que les trois autres ensemble. Combien chacun d'eux a-t-il reçu?

§ IV. *Problèmes sur la multiplication.*

37. Une dette a été contractée par 24 personnes en commun : chacune d'elles a 4059 francs à payer. Quelle est la dette totale?

38. Une rame de papier contient 20 mains; chaque main contient 25 feuilles. Combien y a-t-il de feuilles dans une rame?

39. La feuille de papier coûtant 2 centimes, combien coûteront 3 rames du même papier?

40. Un franc pèse 5 grammes. Combien pèsent 25679 francs?

41. Un convoi, sur un chemin de fer, fait 40 kilomètres par heure. Combien fait-il de kilomètres en 15 heures?

42. Un volume contient 650 pages; chaque page a 39 lignes; chaque ligne 42 lettres. Combien y a-t-il de lettres dans le volume?

43. Une bibliothèque a 26 rayons. Chaque rayon porte 45 volumes, et chaque volume a, terme moyen, 580 pages. Combien y a-t-il de pages dans cette bibliothèque?

44. Il y a dans une cave 23 tas de vin; chaque tas est de 185 bouteilles. En supposant que chaque bouteille vaut 3 francs, quelle sera la valeur totale de ce vin?

45. L'année est composée de 365 jours; chaque jour a 24 heures; chaque heure 60 minutes. Combien y a-t-il de minutes dans 2 ans?

46. Le tour de la terre est divisé en 360 degrés. Chaque degré a 25 lieues de longueur. Combien y a-t-il de lieues dans le tour de la terre?

47. Un édifice a 128 fenêtres garnies de volets. Les volets de chaque fenêtre ont 2 mètres carrés de superficie. Combien coûtera la peinture de ces volets en dedans et en dehors, en supposant que chaque mètre carré coûte 75 centimes?

48. Il y a dans une plantation 15 rangées d'arbres : chaque rangée contient 78 arbres, et d'un arbre à l'autre, il y a une distance de 15 mètres. Quelle serait la longueur totale d'une rangée où tous les arbres seraient plantés à la même distance?

§ V. *Problèmes sur l'addition, la soustraction et la multiplication.*

49. On a payé 420 francs pour 48 kilogrammes de marchandise. Que gagne-t-on en les vendant 13 francs le kilogramme ?

50. Une pièce d'or de 40 francs a 26 millimètres de diamètre et une pièce de 20 francs en a 21. On place les unes à la suite des autres 22 pièces de 40 francs et 68 pièces de 20 francs. Quelle longueur forme-t-on ainsi ?

51. Une roue fait 7 tours par seconde. Combien en fait-elle en 3 heures 10 minutes 20 secondes ? — On sait que l'heure est de 60 minutes et la minute de 60 secondes.

52. Un homme dépense 4 francs par jour pour sa nourriture, 35 francs par mois pour son logement, 500 francs par an pour son entretien, 96 francs par an pour son blanchissage et 200 francs pour ses menues dépenses. Que dépense-t-il par année ? — On sait que l'année est de 365 jours et de 12 mois.

53. Un chef d'atelier occupe 12 ouvriers qu'il paie à raison de 2 francs par jour, 8 qu'il paie à raison de 3 francs, 5 à raison de 4 francs et 3 à raison de 6 francs. Combien doit-il retirer de sa caisse pour leur payer 25 journées de travail ?

54. Un marchand a livré à une personne 250 kilogrammes de marchandise à 2 francs le kilogramme, 135 kilogrammes à 3 francs, et 49 kilogrammes à 4 francs. L'acheteur donne en paiement trois billets de 250 francs et un billet de 300 francs ; il solde le reste en argent. Quelle est la somme qu'il paie en argent ?

55. Le siècle où nous sommes se compose de 76 années communes, c'est-à-dire ayant 365 jours, et de 24 années bissextiles, c'est-à-dire ayant 366 jours. De combien de jours ce siècle est-il composé ?

56. Sur quatre siècles consécutifs, trois ont 76 années communes et 24 années bissextiles ; le quatrième a 75 années communes et 25 années bissextiles. Combien y a-t-il de jours dans ces quatre siècles ?

57. Un enfant est mort à 12 ans 3 mois 17 jours 8 heures. Sur les 12 années qu'il a vécu, 3 ont été bissextiles et les autres communes. Des trois mois restant, l'un a eu 31 jours ; le second 28 et le troisième 31. On voudrait savoir combien il a vécu d'heures. — On sait que le jour est de 24 heures.

58. Un marchand a vendu à raison de 5 francs le mètre une pièce d'étoffe de 172 mètres qu'il avait achetée à raison de 3 francs le mètre ; il a vendu à raison de 8 francs le mètre une autre pièce de 186 mètres qui lui avait coûté 930 francs ; enfin il n'a pu vendre que 565 francs une pièce de 113 mètres qu'il avait payée 7 francs le mètre. Quel gain a-t-il fait sur ces trois pièces réunies ?

59. Un marchand de vins a mêlé 25 litres de vin à 35 centimes le litre, 34 litres à 42 centimes, 19 litres à 45 centimes, 15 litres à 55 centimes. Il vend le mélange à raison de 45 centimes le litre. Combien gagnera-t-il sur la totalité ?

60. Un marchand de draps a vendu à un marchand de vins 25 mètres de drap à 35 francs le mètre, 18 mètres de casimir à 24 francs le mètre, et 42 mètres de toile à 2 francs le mètre. Le marchand de vins lui a fourni en échange 50 bouteilles de vin à 4 francs la bouteille, 25 bouteilles à 3 francs, et 3 pièces de vin à 75 francs la pièce. Lequel des deux doit encore à l'autre, et quelle est la dette ?

§ VI. *Problèmes sur la division.*

61. Un père qui a 7 enfants laisse en mourant une fortune de 597800 francs. Quelle sera la part de chaque enfant ?

62. Quelqu'un devait 6045 francs : il s'est acquitté de sa dette en 15 paiements égaux. De quelle somme a été chaque paiement ?

63. Avec 49 décalitres de semence, on a ensemencé 147 ares de terrain : quelle étendue peut-on ensemencer avec un décalitre ?

64. On a payé 444 francs pour 37 kilogrammes de marchandise : quel est le prix d'un kilogramme ?

65. Un détachement de 230 soldats a brûlé 113752 cartouches. Combien chaque soldat en a-t-il brûlé ?

66. On a payé 66160 centimes pour la vitrerie de 54 fenêtres ayant chacune 8 carreaux. Quel était le prix d'un carreau ?

67. Combien peut-on faire de rames avec 3500 feuilles de papier ? — On sait qu'une rame est de 20 mains et une main de 25 feuilles.

68. Le tour de la terre est de 4000 myriamètres. Combien de jours emploierait-on pour le faire, si l'on pouvait marcher nuit et jour sans s'arrêter, et faire un myriamètre en deux heures ? — On sait que le jour est de 24 heures.

69. Un chef de bureau a acheté 25 rames de papier pour 375 francs. A combien lui revient la feuille ? — On sait que la rame est de 20 mains et la main de 25 feuilles.

70. Un vitrier a reçu 132000 centimes pour avoir vitré les fenêtres d'un château. Chaque carreau a coûté 125 centimes. De plus le château a quatre façades contenant le même nombre de fenêtres, et chaque fenêtre a huit carreaux. Combien y a-t-il de fenêtres par façade ?

71. La lumière met 8 minutes 13 secondes pour parcourir les 34600000 lieues qui séparent le soleil de la terre. Quel chemin parcourt-elle en une seconde ?

72. Un boulet ferait une lieue en 20 secondes, s'il allait toujours avec la même vitesse qu'il a au sortir du canon. D'un autre côté, 60 secondes font 1 minute, 60 minutes 1 heure, 24 heures 1 jour, et 365 jours 1 année. En combien d'années, de jours, d'heures, de minutes et de secondes un boulet qui conserverait toute sa vitesse irait-il de la terre au soleil, c'est-à-dire à une distance de 34600000 lieues ?

§ VII. *Problèmes sur les quatre opérations.*

73. Une personne qui a 2920 francs par an de revenu veut économiser 1 franc par jour. Combien peut-elle dépenser par jour ?

74. Un militaire avait calculé qu'il rejoindrait son régiment en 18 jours, s'il faisait 6 lieues par jour. Mais, retenu plus longtemps qu'il ne pensait, il n'a que 12 jours pour faire sa route. Combien de lieues devra-t-il faire chaque jour ?

75. Un homme gagne 6 francs par jour, et se repose le dimanche : il met 8 francs de côté par semaine. Combien a-t-il à dépenser par jour ?

76. Un ballot de marchandise pesant brut 176 kilogrammes a été payé 792 francs ; mais l'emballage formait le quart du poids total. A combien revient le kilogramme de marchandise ?

77. Un marchand achète 150 objets à 3 francs pièce : de ces objets, 6 se trouvent gâtés. A combien faut-il qu'il vende les autres pour faire un bénéfice de 126 francs ?

78. Une personne doit à une autre 8600 francs, et, ne pouvant payer cette dette, le débiteur offre 60 pour cent à son créancier. Celui-ci pourrait faire saisir le mobilier du débiteur, lequel est estimé à 7000 francs ; mais les frais de saisie devant s'élever à 2000 francs, le créancier veut savoir s'il lui serait plus avantageux d'accepter la proposition que lui fait son débiteur.

79. Un homme, ayant un ouvrage dont l'exécution presse, y met 5 ouvriers. Le lendemain, il ajoute 3 ouvriers aux premiers. Le jour suivant, il recrute encore 4 ouvriers. Enfin, l'ouvrage se trouve terminé trois jours après, en sorte que les derniers venus n'ont travaillé que 4 jours. Le prix de la journée étant le même pour tous, la dépense s'élève à 366 francs. Quel est le prix de la journée d'un ouvrier ?

80. Quatre héritiers ont à se partager une somme de 16200 francs. Le premier doit en prendre la moitié ; le second doit prendre le tiers du reste ; le troisième le quart du nouveau reste ; et le quatrième ce qui restera après le paiement des trois premières parts. Combien aura chacun d'eux ?

81. Sur quatre siècles consécutifs, les trois premiers ont 76

années communes, c'est-à-dire de 365 jours, et 24 années bissextiles, c'est-à-dire de 366 jours; le quatrième a 75 années communes et 25 années bissextiles. Combien ces quatre siècles comprennent-ils de semaines? — On sait que la semaine est de 7 jours.

82. A Paris, on donne 25 centimes par étage au porteur d'une mesure de bois de chauffage. Quatre porteurs se présentent à la fois pour transporter dans une maison 12 mesures de bois, savoir : 3 mesures au premier étage, 2 au second, 4 au troisième, 2 au quatrième et 1 au cinquième. Le travail fini, ils se partagent également le salaire. Que revient-il à chacun d'eux?

83. Un militaire avait compté que, s'il faisait 6 lieues par jours, et que, après 4 jours de marche, il prit un jour de repos, il rejoindrait son régiment en 24 jours. Mais il n'a que 18 jours pour faire le voyage. Combien devra-t-il faire de lieues par jour, s'il veut prendre un jour de repos après 4 jours de marche?

84. Une femme tricote des bas de laine qu'elle vend 270 centimes la paire. Elle en fait une paire en deux jours et se repose le dimanche. La laine lui coûte 32 centimes l'hectogramme, et 8 paires de bas pèsent 15 hectogrammes. Combien cette femme a-t-elle à dépenser par jour?

DEUXIÈME SÉRIE

PROBLÈMES SUR LES FRACTIONS.

N. B. Dans les problèmes de la deuxième série, les opérations sur les fractions seront réunies à des opérations sur les nombres entiers, afin que les enfants ne perdent pas l'habitude de ces dernières.

§ 1. *Problèmes sur l'addition.*

85. On a coupé 5 mètres $\frac{3}{8}$ d'une pièce d'étoffe, et il en reste 16 mètres $\frac{5}{8}$: combien cette pièce contenait-elle de mètres?

86. Une fontaine remplit en une heure les $\frac{2}{5}$ d'un bassin; une autre en remplit en une heure les $\frac{6}{11}$. Quelle portion du bassin les deux fontaines rempliront-elles, en coulant ensemble pendant une heure?

130 *Cours élémentaire d'Arithmétique.*

87. Trois personnes ont joué ensemble. La première a gagné 17 francs $\frac{3}{4}$, et la seconde 21 francs $\frac{4}{5}$. Combien la troisième a-t-elle perdu ?

88. Quel est le nombre qui se réduirait à $28\frac{5}{7}$, si on le diminuait de $19\frac{4}{9}$?

89. Trois ouvriers devant faire un ouvrage ont employé, le premier 17 jours $\frac{3}{4}$; le second 15 jours $\frac{5}{8}$, le troisième 11 jours $\frac{1}{2}$. Combien a-t-on en tout de journées de travail à leur payer ?

90. Un homme s'est marié à 22 ans $\frac{1}{2}$: après 2 ans $\frac{3}{4}$ de mariage, il a eu un fils qui a vécu 30 ans $\frac{2}{3}$, et auquel son père a survécu de 8 ans. A quel âge ce dernier est-il mort ?

91. On a coupé une pièce d'étoffe en quatre morceaux qui ont, le premier 5 mètres $\frac{1}{2}$ de long, le second 3 mètres $\frac{2}{3}$, le troisième 4 mètres $\frac{3}{4}$, le quatrième 8 mètres $\frac{5}{6}$. Quelle était la longueur de cette pièce ?

92. Quatre ouvrières travaillent ensemble à un même ouvrage. La première seule en ferait $\frac{3}{4}$ de mètre par heure; la seconde $\frac{5}{6}$ de mètre ; la troisième $\frac{11}{15}$ de mètre ; la quatrième $\frac{7}{12}$ de mètre. Combien en feront-elles ensemble pendant une heure ?

93. Une pièce d'or de 40 francs a $\frac{13}{500}$ de mètre de diamètre; une pièce d'or de 20 francs a $\frac{21}{1000}$ de mètre; une pièce d'argent de 5 francs à $\frac{37}{1000}$ de mètre ; une pièce d'argent de 2 francs a $\frac{27}{1000}$ de mètre ; un franc a $\frac{23}{1000}$ de mètre ; une pièce de $\frac{1}{2}$ franc a $\frac{9}{500}$ de mètre, et une pièce de $\frac{1}{4}$ de franc a $\frac{3}{200}$ de mètre. Quelle longueur formerait-on en mettant les unes à la suite des autres sur une même ligne droite, les différentes pièces qui viennent d'être énumérées ?

94. De six nombres, le premier est $25\frac{3}{4}$: le second surpasse le premier de $15\frac{6}{7}$; le troisième surpasse le second de $12\frac{5}{8}$; le quatrième surpasse le troisième de $9\frac{11}{14}$; le cinquième surpasse le quatrième de $8\frac{2}{3}$; le sixième surpasse le cinquième de $6\frac{5}{6}$. Quelle est leur somme?

95. Une personne rencontre des pauvres. Elle donne au premier $\frac{1}{2}$ franc; au second $\frac{2}{5}$ de franc; au troisième $\frac{3}{10}$ de franc; au quatrième $\frac{9}{40}$ de franc; au cinquième $\frac{1}{4}$ de franc. Elle entre ensuite chez un marchand où elle achète pour 21 francs $\frac{1}{2}$ de marchandise; et elle a encore dans sa bourse 17 francs. Combien avait-elle en sortant?

96. Trois personnes ont fait des achats à frais communs. Les différentes sommes payées ont été 15 francs $\frac{4}{5}$; 17 francs $\frac{1}{2}$; 21 francs $\frac{3}{4}$; 49 francs $\frac{2}{5}$; 28 francs $\frac{11}{20}$. Quelle somme est due par chacune d'elles?

§ II. *Problèmes sur l'addition et la soustraction.*

97. Sur une pièce d'étoffe de 36 mètres $\frac{5}{6}$ on a enlevé 12 mètres $\frac{3}{4}$. Combien reste-t-il encore de mètres?

98. D'un paquet pesant 8 kilogrammes $\frac{1}{2}$, on a enlevé 2 kilogrammes $\frac{2}{3}$. Quel est le poids restant?

99. Une caisse pleine de marchandise pèse 56 kilogrammes $\frac{13}{20}$. La caisse vide pesait 9 kilogrammes $\frac{5}{8}$. Quel est le poids de la marchandise?

100. Un amateur a acheté un tableau 650 francs $\frac{3}{4}$, et un autre

132 *Cours élémentaire d'Arithmétique.*

26 francs $\frac{5}{8}$ de moins que le premier. Combien lui coûtent les deux ensemble ?

101. Un homme qui est mort à 71 ans $\frac{1}{2}$ avait eu, après 2 ans $\frac{2}{3}$ de mariage, un fils qui a vécu 40 ans $\frac{7}{12}$, et auquel il a survécu 3 ans $\frac{1}{2}$. Quel âge avait cet homme, lorsqu'il s'est marié ?

102. Un marchand vend 90 francs une pièce de 120 mètres d'indienne qui n'est plus de mode. Il fait ainsi une perte de $\frac{1}{2}$ franc par mètre. Combien l'indienne lui avait-elle coûté par mètre ?

103. Deux personnes s'associent pour un commerce. Chacune d'elles a déjà un fonds de boutique, auquel elle joint une mise en argent. Le fonds de la première vaut 4575 francs $\frac{3}{4}$ sa mise est de 8364 francs $\frac{4}{5}$. La mise de la seconde en argent est de 7598 francs $\frac{1}{2}$, et les mises totales se trouvent être égales. Quelle est la valeur du fonds de la seconde personne ?

104. Deux associés ont fait un fonds de 17875 francs $\frac{2}{5}$. Le second a mis 9764 francs $\frac{3}{4}$. Combien le premier doit-il ajouter pour que les deux mises soient égales ?

105. Deux associés ont fait un fonds de 20058 francs. Le premier a mis 8697 francs $\frac{3}{5}$. Combien le second doit-il retirer pour que les deux mises soient égales ?

106. Un marchand a deux débiteurs qui lui doivent ensemble 367 francs $\frac{3}{4}$. La dette du premier est de 124 francs $\frac{4}{5}$. Le second donne un à compte de 28 francs $\frac{1}{2}$. Combien doit-il encore ?

107. Deux ateliers sont en concurrence pour un genre de travail. Dans le premier, dix ouvriers en ont fait dans un jour, le premier 3 mètres $\frac{1}{2}$, le second 2 mètres $\frac{3}{4}$, le troisième 3 mètres $\frac{2}{3}$, le quatrième 4 mètres $\frac{1}{6}$, le cinquième 3 mètres $\frac{2}{5}$, le si-

Cours élémentaire d'Arithmétique. 133

xième 4 mètres $\frac{3}{5}$, le septième 2 mètres $\frac{5}{6}$, le huitième 3 mètres $\frac{4}{5}$, le neuvième 4 mètres $\frac{1}{2}$, le dixième 3 mètres $\frac{5}{8}$. Dans le second, un ouvrier a fait 12 mètres en trois jours, quatre autres 71 mètres en quatre jours, deux autres 17 mètres en trois jours. Quel est celui des deux ateliers où il se fait le plus d'ouvrage par jour ?

108. Un commissionnaire doit se rendre dans une ville éloignée de 12 kilomètres, et où il aura besoin de s'arrêter $\frac{5}{12}$ d'heures. Chemin faisant, il aura des commissions à faire dans cinq villages, et il sera obligé, en conséquence, de s'arrêter $\frac{7}{15}$ d'heure dans le premier, $\frac{7}{12}$ d'heure dans le second, $\frac{1}{4}$ d'heure dans le troisième, $\frac{7}{30}$ d'heure dans le quatrième, et $\frac{49}{60}$ d'heure dans le cinquième. Il faut qu'il soit de retour à 8 heures $\frac{3}{4}$. A quelle heure doit-il partir, s'il fait 4 kilomètres à l'heure ?

---

§ III. Problèmes sur l'addition, la soustraction et la multiplication.

109. Un ballot de marchandise pèse 152 kilogrammes ; mais l'emballage pèse les $\frac{3}{19}$ du poids total. En supposant que l'emballage ne soit point payé et que le kilogramme de marchandise coûte 5 francs $\frac{4}{5}$, on demande le prix du ballot.

110. Une facture monte à 479 francs. Mais il a été convenu entre le fournisseur et l'acheteur que les frais de transport seraient déduits du montant de la facture, et que, de plus, l'acheteur jouirait d'une remise de $\frac{3}{70}$ sur le prix restant. Sachant que le transport a coûté 6 francs $\frac{3}{4}$, trouver ce que doit payer l'acheteur.

111. Un voyageur a fait 112 kilomètres en trois jours. Le premier jour, il en a fait les $\frac{5}{14}$; le second jour, il en a fait le quart. On demande quel chemin il a parcouru chaque jour ?

112. Un convoi sur un chemin de fer fait 40 kilomètres $\frac{3}{4}$ en une heure. Combien en fera-t-il en 17 heures $\frac{5}{12}$?

113. On a payé 237 francs $\frac{3}{5}$ pour 32 kilogrammes $\frac{2}{3}$ de marchandise. Combien gagnera-t-on en les vendant 9 francs $\frac{4}{5}$ le kilogramme ?

114. Un tonneau contenait 128 bouteilles $\frac{5}{6}$ de vin ; on en a tiré 109 bouteilles $\frac{8}{9}$. Combien vaut le vin qui reste, en supposant que le prix de la bouteille soit $\frac{3}{4}$ de franc ?

115. Une personne partage ainsi les 24 heures dont se compose le jour. Elle en consacre les $\frac{5}{16}$ au sommeil ; les $\frac{3}{32}$ à sa toilette et à ses exercices religieux ; le huitième à ses repas et à ses récréations ; les $\frac{5}{48}$ à la lecture, et le reste au travail. Quel est le nombre d'heures qu'elle donne à chaque chose ?

116. Un libraire, ayant fait imprimer à 1000 exemplaires un ouvrage de 35 feuilles d'impression, veut calculer ses frais. La composition de chaque feuille lui coûte 34 francs $\frac{3}{5}$; la rame de papier, de 500 feuilles, lui revient à 11 francs $\frac{3}{4}$; le brochage et la couverture de chaque volume coûtent $\frac{11}{20}$ de franc ; enfin il y a eu pour 85 francs $\frac{1}{2}$ de menus frais. Le libraire veut vendre chaque volume les $\frac{7}{6}$ du prix qu'il lui coûte. Quel sera le prix de vente ?

117. Un vieillard raconte ainsi l'histoire de sa famille : J'ai 68 ans $\frac{1}{4}$. Mon fils, que j'ai eu après 3 ans $\frac{1}{4}$ de mariage, a maintenant les $\frac{2}{3}$ de mon âge. Quand il s'est marié, il avait le cinquième de son âge actuel et du mien réunis. Il a eu son premier enfant au bout de $\frac{3}{4}$ d'année de mariage ; le second

2 ans $\frac{1}{2}$ plus tard; l'âge du troisième est les $\frac{2}{5}$ des âges de ses deux frères réunis. On demande à quel âge s'est marié ce vieillard, quel âge a maintenant son fils; à quel âge ce fils s'est marié, et quels sont les âges de ses trois enfants?

118. Un berger a 105 moutons. On lui propose d'en acheter les $\frac{2}{3}$ à raison de 80 francs l'un, et le reste à raison de 95 francs. Une autre personne lui offre d'en prendre les $\frac{2}{3}$ à raison de 90 francs l'un, et le reste à raison de 85 francs. De ces deux propositions, laquelle est la plus avantageuse au berger?

119. Un père auquel on demande l'âge de son fils, répond : j'ai 36 ans, et mon fils a les $\frac{2}{3}$ des $\frac{5}{8}$ de mon âge. Quel est l'âge du fils?

120. On demandait l'heure à un mathématicien. Il est, répondit-il, les $\frac{3}{4}$ des $\frac{5}{6}$ des $\frac{7}{12}$ des $\frac{6}{7}$ de 24 heures. Quelle heure était-il?

---

§ IV. *Problèmes sur les quatre opérations.*

121. Quelqu'un avait une dette. Il en a payé les $\frac{3}{5}$ et il doit encore 24 francs. Combien devait-il?

122. Un élève a employé $\frac{3}{4}$ d'heure à faire les $\frac{2}{7}$ de son devoir. Combien lui faudra-t-il de temps pour faire le reste?

123. Quelqu'un avait une dette. Il en a payé le cinquième, le quart et le tiers, et il doit encore 15 francs $\frac{3}{5}$. Combien devait-il?

124. Quelqu'un avait une dette. Il en a payé les $\frac{3}{5}$: une autre fois, il a payé le tiers du reste ; une troisième fois les $\frac{3}{8}$ du nouveau reste ; une quatrième fois les $\frac{2}{5}$ de ce qui restait encore. Il ne doit plus que 48 francs. Quelle était sa dette?

125. Quelqu'un avait une dette. Il a payé les $\frac{2}{5}$ des $\frac{3}{4}$ des $\frac{5}{6}$ des $\frac{4}{7}$ de cette dette; plus tard, il a payé les $\frac{2}{3}$ des $\frac{5}{8}$ de ce qu'il devait encore. Il ne doit plus que 72 francs. Quelle était sa dette totale ?

126. Une vis avance de $\frac{3}{5}$ de millimètre par tour. Combien de fois faudra-t-il tourner, pour la faire avancer de 13 millimètres $\frac{2}{3}$?

127. On a échangé 17 kilogrammes $\frac{5}{8}$ de café contre 21 kilogrammes $\frac{3}{4}$ de café d'une qualité inférieure. Combien aurait-on de kilogrammes de la seconde espèce pour 1 kilogramme de la première ?

128. Le propriétaire d'une forêt en a vendu les $\frac{2}{3}$ à un voisin, qui a vendu à un troisième les $\frac{4}{5}$ de ce qu'il avait acheté. Ce dernier a pour sa part 76 ares de bois. On demande combien le premier propriétaire a conservé d'ares.

129. On mêle 13 litres de vin à $\frac{3}{4}$ de franc le litre avec 9 litres à $\frac{4}{5}$ de franc le litre. Combien vaut un litre du mélange ?

130. On mêle 12 litres de vin à 1 franc $\frac{1}{4}$ le litre, 15 litres à $\frac{3}{4}$ de franc le litre, 17 litres à $\frac{3}{5}$ de franc le litre. Combien vaut un litre du mélange ?

131. On mêle 17 litres de vin à 1 franc $\frac{1}{2}$ le litre, 18 litres à 1 franc $\frac{1}{4}$ le litre, 15 litres à $\frac{3}{4}$ de franc le litre. Combien doit-on vendre chaque litre du mélange, pour faire un bénéfice égal aux $\frac{5}{39}$ du prix réel ?

132. Quelqu'un achète chez un marchand 5 mètres $\frac{3}{4}$ d'étoffe,

qu'il paie 40 francs $\frac{1}{4}$. Vérification faite, on trouve que le marchand s'est trompé, et que le coupon ne contient que 4 mètres $\frac{7}{8}$. Quelle somme le marchand doit-il remettre à l'acheteur ?

TROISIÈME SÉRIE.

PROBLÈMES SUR LES NOMBRES DÉCIMAUX.

§ Ier. *Problèmes sur l'addition.*

133. La taille d'une personne est de 1^m,346 : celle d'une seconde la surpasse de 0^m,115. Quelle taille a celle-ci ? (*a*).

134. Une barre de fer est enfoncée en terre de 0^m,657 : elle a hors de terre 2^m,45. Quelle est sa longueur totale ?

135. Le seuil d'une maison est élevé de 0^m,25 au-dessus du pavé de la rue ; le rez-de-chaussée a 3^m,7 de hauteur ; le premier étage a 3^m,5, et le second étage 3^m,34. Les planchers font ensemble une épaisseur de 0^m,648. Quelle est la hauteur de la maison jusqu'au toit ?

136. La cour d'une maison a 746$^{m.\ c.}$,5; le jardin a 878$^{m.\ c.}$,79. On les réunit en un seul jardin. Combien celui-ci aura-t-il de mètres carrés ? (*b*).

137. Un peintre a badigeonné un mur de 6$^{m.\ c.}$,52, un autre de 7$^{m.\ c.}$,685, un troisième de 0$^{m.\ c.}$,2689. Combien a-t-il badigeonné de mètres carrés en tout ?

138. Un propriétaire a acheté quatre petites pièces de terre qui se touchent. La première a 95^a,25 ; la seconde 79^a,86 ; la troisième 68^a,94 ; la quatrième 27^a,32. Quelle est la superficie de terrain qu'il a ainsi formé ? (*c*).

139. On a acheté cinq objets pesant, le premier 2$^{k.\ g.}$,56 ; le second 3$^{k.\ g.}$,257 ; le troisième 0$^{k.\ g.}$,8634 ; le quatrième 1$^{k.\ g.}$,28 ; le cinquième 1$^{k.\ g.}$,6. Quel est le poids total ? (*d*).

140. On a retiré d'une caisse 1$^{k.\ g.}$,46 de pruneaux ; puis 3$^{k.\ g.}$,25 ; puis 2$^{k.\ g.}$,365 ; puis 4$^{k.\ g.}$,0034. Il en reste 9$^{k.\ g.}$,647. Combien y en avait-il d'abord ?

141. On a mis un corps dans l'un des bassins d'une balance,

(*a*) La lettre *m* signifie *mètre*.
(*b*) Les lettres *m. c.* signifient *mètre carré*.
(*c*) La lettre *a* signifie *are*.
(*d*) Les lettres *k. g.* signifient *kilogramme*.

138   *Cours élémentaire d'Arithmétique.*

et l'on a établi l'équilibre en mettant des poids dans l'autre bassin. Les poids sont :

Un kilogramme ou 1000 grammes ;
Un demi-kilogramme ou 500 grammes ;
Un double hectogramme ou 200 grammes ;
Un hectogramme ou 100 grammes ;
Un demi-hectogramme ou 50 grammes ;
Un demi-décagramme ou 5 grammes ;
Un demi-gramme ou 5 dixièmes de gramme ;
Un double décigramme ou 2 dixièmes de gramme ;
Un double décigramme ou 2 dixièmes de gramme ;
Un décigramme ou 1 dixième de gramme ;
Un centigramme ou 1 centième de gramme ;
Un demi-centigramme ou 5 millièmes de gramme ;
Un double-milligramme ou 2 millièmes de gramme ;
Un double-milligramme ou 2 millièmes de gramme.
De combien de grammes se compose le poids du corps ?

142. Si l'on appelle 1 le poids de la Terre, ceux des autres planètes seront : 1° pour Mercure 0,1752 ; 2° pour Vénus 0,8745 ; 3° pour Mars 0,1394 ; 4° pour Jupiter 331,561 ; 5° pour Saturne 101,0631 ; 6° pour Uranus 19,8089. Il y a en outre quatre petites planètes et quatorze lunes ou satellites, qui toutes ensemble pèsent autant que la Terre. Quel est le poids de tous ces astres réunis ?

143. Une personne rencontrant des pauvres donne 0f,15 au premier, 0f,10 au second, 0f,25 au troisième, 0f,35 au quatrième. Elle entre ensuite chez un marchand où elle dépense 13f,45 ; puis chez un autre où elle dépense 15f,55. Elle rentre chez elle avec 4f,50. Combien avait-elle en sortant ? (a)

144. Dans une ville qui a sept paroisses, il est d'usage que, le jour de Pâques, on fasse pour les pauvres une quête à la Messe et aux Vêpres de chaque paroisse. Ces quêtes ont fourni les sommes suivantes :

	A LA MESSE.		AUX VÊPRES.	
1re paroisse.	235f.	25	148f.	45
2e Idem.	317	40	209	20
3e Idem.	158	30	97	40
4e Idem.	201	15	128	35
5e Idem.	146	00	95	20
6e Idem.	99	95	102	45
7e Idem.	75	25	48	75

Quel est le produit total de ces quêtes ?

(a) La lettre *f* signifie *franc*.

§ II. Problèmes sur l'addition et la soustraction

145. Un vase vide pèse 75^{gr},28. On le remplit d'eau, et il pèse alors 324^{gr},125. Combien pèse l'eau qui le remplit? (*a*).

146. Une pièce de métal pesait 51^{gr},038. On la lime et on la pèse de nouveau : son poids n'est plus que 48^{gr},35. Quel est celui de la limaille ?

147. Un marchand vend 38^f,45 ce qu'il a acheté 32^f,75. Combien gagne-t-il ?

148. Le tour d'une propriété est de 9648^m,65. On a fait murer 1758^m,9, et une portion ayant 3656^m,08 est garnie de haies. Quelle est la longueur de la partie ouverte?

149. Un jardinier a planté autour des carrés de son jardin 1896^m,35 de bordures, savoir : 315^m,68 en buis ; 125^m,28 en gazon d'Espagne, et le reste en fraisiers. Combien y a-t-il de mètres de fraisiers ?

150. Un propriétaire avait un terrain de 2897$^{m.c.}$,634. Il y a fait construire une maison qui couvre 259$^{m.c.}$,84 ; la cour a 380$^{m.c.}$,295 ; le reste est en jardin. Quelle est la superficie du jardin ?

151. Une cave contient trois barriques de vin. La capacité de chaque barrique est de 256$^{lit.}$,42. Mais la première barrique ne contient que 241$^{lit.}$,96 de vin ; la seconde que 250$^{lit.}$,32 ; la troisième que 248$^{lit.}$,43. Combien faudrait-il de litres de vin pour remplir les trois barriques? (*b*).

152. Un joueur a fait trois parties. A la première, il a gagné 54^f,75 ; à la seconde, il a perdu 68^f,95 ; à la troisième, il a gagné 57^f,40. On demande ce qu'il a gagné finalement.

153. Un voyageur fait 30$^{k.m.}$,25 un premier jour; le lendemain, il continue sa route et fait 21$^{k.m.}$,38 ; le troisième jour, il revient sur ses pas, et fait 12$^{k.m.}$,45 ; le quatrième jour, continuant à retourner vers son point de départ, il fait 17$^{k.m.}$,57. A quelle distance est-il revenu du point d'où il est parti ?(*c*).

154. Un marchand ne peut vendre que 138^f,75 une pièce d'étoffe qui lui a coûté 156^f,25. Mais il vend 201^f,40 une autre pièce qui ne lui a coûté que 178^f,95. Quel bénéfice fait-il sur ces deux pièces réunies ?

155. Un courrier, s'étant trompé de route, a pris un chemin directement opposé à celui qu'il devait prendre : il a déjà fait 21$^{k.m.}$,748, lorsqu'il s'aperçoit de son erreur. Il retourne alors sur ses pas ; il arrive à la ville d'où il était parti, et il l'a dé-

---

(*a*) Les lettres *gr*. signifient *gramme*.
(*b*) Les lettres *lit*. signifient *litre*.
(*c*) Les lettres *k. m.* signifient *kilomètre*.

passée de 7k.m.,25, lorsqu'il rencontre un second courrier qu'on a envoyé au-devant de lui du lieu où il est attendu. Il se trouve que ce second courrier a fait 15k.m.,639 de moins que le premier. On demande combien il y a de distance entre les deux villes.

156. Si l'aîné de trois frères avait 3f,75 de plus, il posséderait autant que ses deux frères ensemble. Or le cadet a 28f,35, et le dernier 4f,65 de moins que le cadet. Combien a l'aîné?

§ III. *Problèmes sur l'addition, la soustraction et la multiplication.*

157. Un escalier a 54 marches, et chaque marche a 0m,168 de hauteur. Quelle est la hauteur totale de cet escalier?

158. La circonférence d'une roue de voiture étant de 1m,28, quel chemin aura parcouru la voiture quand cette roue aura fait 358 tours?

159. Un litre d'eau pèse 1k.g. Trouver le poids de 3lit.,25 de mercure, sachant que le mercure pèse 13,6 fois plus que l'eau.

160. Un entrepreneur emploie 7 hommes, 5 femmes et 8 enfants pendant six jours de la semaine. Il paie chaque homme 4f,50 par jour, chaque femme 2f,75 et chaque enfant 1f,25. Combien lui coûte chaque semaine?

161. Neuf héritiers ont eu à se partager un terrain. Les trois premiers ont eu chacun 125a,48; deux autres ont eu chacun 156a,58; enfin chacun des quatre derniers a eu 247a,25. En supposant que l'are vaut 395f,65, quelle est la valeur totale du terrain?

162. On dit qu'une pièce d'argent est à 0,9, quand les 0,9 du poids de cette pièce sont en argent pur, et que le dernier dixième est en cuivre. De même, une pièce est à 0,75, quand les 0,75 du poids de cette pièce sont de l'argent pur, et que les 0,25 restant sont en cuivre. Cela posé, un orfèvre a fondu ensemble 125gr.,28 d'argent à 0,9; 95gr.,02 à 0,7; 70gr.,453 à 0,75; 39gr.,48 à 0,95. On demande combien il y aura d'argent et combien de cuivre dans l'alliage résultant.

163. On a trois espèces de thé. Le kilogramme de la première espèce vaut 8f,50; celui de la seconde 6f,75; celui de la troisième 7f,25. On mêle 15 kilogrammes de la première espèce, 25 de la seconde, et 10 de la troisième. Combien gagnera-t-on sur la totalité, en vendant le mélange à 8f,25 le kilogramme?

164. Une caisse pleine de marchandise pèse 158k.g.,95; le marchand qui l'a achetée l'a payée 276f,75. En supposant que la caisse forme les 2 dixièmes du poids total et que le marchand vende la marchandise à 3f,20 le kilogramme, quel bénéfice fera-t-il sur la totalité?

Cours élémentaire d'Arithmétique. 141

165. Une caisse contenant 28k· g·,65 de figues a coûté à un marchand 229f,20. Il en a retiré 15k· g·,9 qu'il a vendus 0f,75 le kilogramme. Le prix des figues diminuant, il ne peut vendre le reste qu'à raison de 0f,65 le kilogramme. Quel gain aura-t-il fait sur la totalité ?

166. Une femme dépense, pour son ménage, 3f,50 par jour, en le faisant elle-même. Si elle prenait une servante, qu'elle payerait 200 fr. par an pour gages, et 300 fr. d'entretien, ses frais de ménage seraient les mêmes; mais elle pourrait consacrer le temps qu'elle gagnerait ainsi à un travail qui lui rapporterait 1f,75 par jour. Y aurait-il économie pour elle à prendre une servante ?

167. Un ouvrier était employé depuis 6 jours à un ouvrage, quand sa femme est venue à son aide. Trois jours après, leurs deux enfants se sont aussi employés à ce travail, auquel ils n'ont pris part que deux jours, l'ouvrage étant alors achevé. Le père gagne 5f,75 par jour, la mère 4f,25 et chaque enfant 1f,50. Mais, pour aider son mari, la femme a renoncé à trois journées de travail qui lui auraient été payées 5f,20 chacune. Combien cette famille a-t-elle gagné en tout, et combien aurait-elle gagné de moins si la femme eût préféré les trois journées qui lui étaient offertes ?

168. Un marchand de vins a vendu à un marchand d'épiceries 35 litres de vin à 2f,25 le litre ; 43 litres à 3f,55 ; 29 litres à 1f,75 ; 56 litres à 4f,30. De son côté, le marchand d'épiceries a vendu au marchand de vins 2k· g·,75 de marchandise à 0f,75 le kilogramme ; 7k· g·,35 à 2f,50 ; 4k· g·,28 à 1f,25 ; 9k· g·,15 à 3f,05. Enfin, ce dernier a déjà payé au marchand de vins une somme de 125f,50. Combien lui doit-il encore ?

---

§ IV. *Problèmes sur les quatre opérations, et sur la conversion des fractions ordinaires en décimales.*

169. On a payé pour 15 kilogrammes de marchandise 58f,41 ; quel était le prix d'un kilogramme ?

170. Combien aura-t-on de kilogrammes de marchandise à 1f,25 pour 48f,75 ?

171. Il y a 10000000 de mètres dans le quart du tour de la terre. Ce quart étant partagé en 90 degrés, combien y a-t-il de mètres dans un degré ?

172. Il y a dans le quart du tour de la terre 10000000 de mètres, et 2250 lieues. Combien y a-t-il de mètres dans une lieue ?

173. Une personne rencontrant 25 pauvres leur donne 17 francs. Combien revient-il à chaque pauvre ?

142 *Cours élémentaire d'Arithmétique.*

174. Un prisonnier a dépensé 23 francs en 117 jours de captivité ; quelle est, à moins d'un demi-centième de franc près, sa dépense journalière ?

175. Toutes les planètes prises ensemble pèsent 455,62 fois plus que la terre, et le soleil 354936 fois. Combien de fois le soleil pèse-t-il plus que l'ensemble des planètes ?

176. On a partagé une somme également entre 8 personnes : 3 de ces personnes réunissent leurs parts et se trouvent avoir en commun 310^f,25. Quelle était la somme partagée ?

177. Un joueur a perdu les $\frac{3}{4}$ de son argent, et se retire du jeu avec 12^f,45. Combien avait-il en commençant à jouer ?

178. On a payé 2373^f,68 pour 148^m,355 de fil d'or : à quel prix faut-il vendre un mètre de ce fil pour faire sur la totalité un bénéfice de 175^f,20 ?

179. On a mêlé 25 litres de vin à 1^f,50 le litre ; 32^{lit},43 à 2^f,25 ; 13^{lit},28 à 0^f,75 ; 21^{lit},93 à 0^f,90. Combien doit-on vendre un litre du mélange, pour gagner sur la totalité 60^f,45 ?

180. Un vase d'un litre de capacité pèse 256^{gr},68. On y verse du mercure, et il pèse alors 3576^{gr},72. Sachant qu'un litre d'eau pèse 1000 grammes, et que le mercure pèse 13,6 fois plus que l'eau, trouver ce que pèserait ce vase, si on achevait de le remplir avec de l'eau.

QUATRIÈME SÉRIE.

PROBLÈMES SUR LE SYSTÈME MÉTRIQUE.

181. Il y a 15 *milles géographiques* dans un degré terrestre, et 90 degrés font 10000000 de mètres. Combien y a-t-il de mètres dans un mille géographique ?

182. La superficie d'une contrée étant de 1758 milles géographiques carrés, on demande de l'exprimer en myriamètres carrés.

183. Quelqu'un a acheté 231^a,42 de terrain pour une somme de 63640^f,50. Il vend ce terrain en détail pour des constructions, au prix de 6^f,75 le mètre carré ; mais il est obligé de céder pour rien le terrain nécessaire pour trois rues de 10 mètres de large, et qui ont en longueur, la première 192^m,85, la seconde 58^m,4, la troisième 51^m,6. Quel bénéfice fait-il dans cette spéculation ?

184. Un tapis a 4^m,25 de long sur 3^m,42 de large. On veut le doubler avec de la toile qui a 78 centimètres de large. Si cette toile coûte 1^f,20 le mètre, combien coûtera la doublure du tapis

Cours élémentaire d'Arithmétique. 143

185. Un bûcher a 7ᵐ,5 de long sur 4ᵐ,6 de hauteur et 3 mètres [de] profondeur. Combien peut-il contenir de stères de bois ?

186. Un avare a fait fabriquer une caisse ayant intérieurement [1ᵐ],364 de large, 1ᵐ,364 de long, et 1ᵐ,290 de hauteur. Il a [re]mpli cette caisse de caisses plus petites qui ont en dehors 341 [mi]llimètres de large, 341 millimètres de long, et 258 milli[mè]tres de hauteur. Chaque paroi de ces petites caisses a 4 mil[li]mètres d'épaisseur. Il range dans chaque caisse des pièces de [ci]nq francs par piles, et place les piles les unes à côté des [au]tres, de manière à laisser le moins de vide possible. Après [av]oir ainsi rempli les petites caisses que peut contenir la grande [ca]isse totale, il compte ce qui lui reste d'argent, et trouve [qu]'il pourrait encore remplir trois petites caisses. Sachant que [le] diamètre d'une pièce de cinq francs est 37 millimètres, et [so]n épaisseur 2 millimètres $\frac{1}{2}$, trouver la fortune de cet avare.

187. On a douze cadres en bois qui pèsent chacun 3 kilo[gr]ammes. On y fait mettre un grillage en fil de fer, après être [co]nvenu de payer le fil de fer, y compris la main d'œuvre, à [ra]ison de 3ᶠ,75 le kilogramme. L'ouvrage terminé, les cadres [pè]sent 97ᵏ·ᵍ·,6. Quel prix doit-on payer à l'ouvrier ?

188. Un vase pèse 178ᵍʳ·,33. Rempli d'eau distillée au ma[xi]mum de densité, il pèse 827ᵍʳ·,48. Quelle est sa capacité ?

189. Un vase pèse 178ᵍʳ·,35. Rempli de mercure, il pèse 6 [ki]logrammes. Quelle est sa capacité ? — Le mercure pèse 13,6 [fo]is plus que l'eau.

190. L'air pèse 770 fois moins que l'eau. Quel est le poids de [9] mètres cubes d'air ?

191. Un vase pèse 182ᵍʳ·,45. On le remplit à moitié de mercure [et] à moitié d'eau. Il pèse alors 7ᵏ·ᵍ·,496. Quelle est sa capacité ?

192. Quel est le poids de l'air que déplace une masse de [c]uivre pesant 6ᵏ·ᵍ·,735 ? — Le cuivre pèse 8,67 fois plus que [l'](eau.

193. Tout corps perd une partie de son poids égale au poids [d]e l'air qu'il déplace. D'après cela, on demande ce que pèsera [d]ans l'air un morceau de cuivre qui, dans le vide, pèse [?]ᵏ·ᵍ·,628.

194. Un épicier a acheté de l'huile d'olive à raison de 45ᶠ l'hectolitre; il la vend en détail au prix de 4ᶠ,20 le kilo[g]ramme. Sachant que l'huile d'olive pèse les 0,92 de ce que pèse [l'](eau, à volume égal, on demande ce que cet épicier gagne par [h]ectolitre d'huile.

195. Un marchand vend de l'eau-de-vie en détail 20 centimes [l]e décilitre. Il fait ainsi pour chaque hectolitre qu'il vend un [bé]néfice égal à ce que lui coûtent 4 décalitres. A combien lui revient l'hectolitre ?

196. L'air exerce sur chaque centimètre carré une pression égale au poids d'une colonne de mercure de 76 centimètres cubes. A combien de kilogrammes équivaut la pression de l'air sur une surface de 0m. c.,9876, le mercure pesant 13,6 fois plus que l'eau ?

197. Un sculpteur a fait une statue en marbre qui pèse 58k. g.,46. Une personne riche, admirant ce travail, en offre une somme d'argent ayant le même poids. Quel prix en offre-t-elle ?

198. On veut faire un poids de 153gr.,75 avec des pièces de monnaie en argent de 5 francs, de 2 francs, de 1 franc, de 50 centimes et de 25 centimes, en employant le moindre nombre de pièces possible. Combien faudra-t-il de pièces de chaque espèce ?

199. A défaut de poids, on s'est servi de pièces de monnaie en argent pour peser un objet. Il a fallu 6 pièces de 5 francs, 3 pièces de 2 francs, 1 pièce de 1 franc, 5 pièces de 50 centimes et 1 pièce de 25 centimes. Quel est le poids de cet objet ?

200. Pour mesurer la capacité d'un vase, on l'a pesé, en employant pour poids des pièces d'argent monnayé. Il a fallu une somme de 31f,25. On a ensuite rempli le vase d'eau et on l'a pesé de la même manière : il a fallu une somme de 78f,50. Quelle est la capacité de ce vase ?

201. Combien y a-t-il de cuivre dans une somme de 6548 francs en argent monnayé ?

202. Quelle somme d'argent monnayé fera-t-on avec 1836 grammes d'argent pur ?

203. Quelle quantité de cuivre faut-il allier à 1548 grammes d'argent pur pour obtenir de l'argent au titre des monnaies ?

204. Un cube en argent pur a 0m,35 de côté. Quelle serait la somme d'argent monnayé que l'on pourrait fabriquer avec ce cube, en y ajoutant la quantité de cuivre convenable ? — L'argent pèse 10,5 fois autant que l'eau.

FIN.

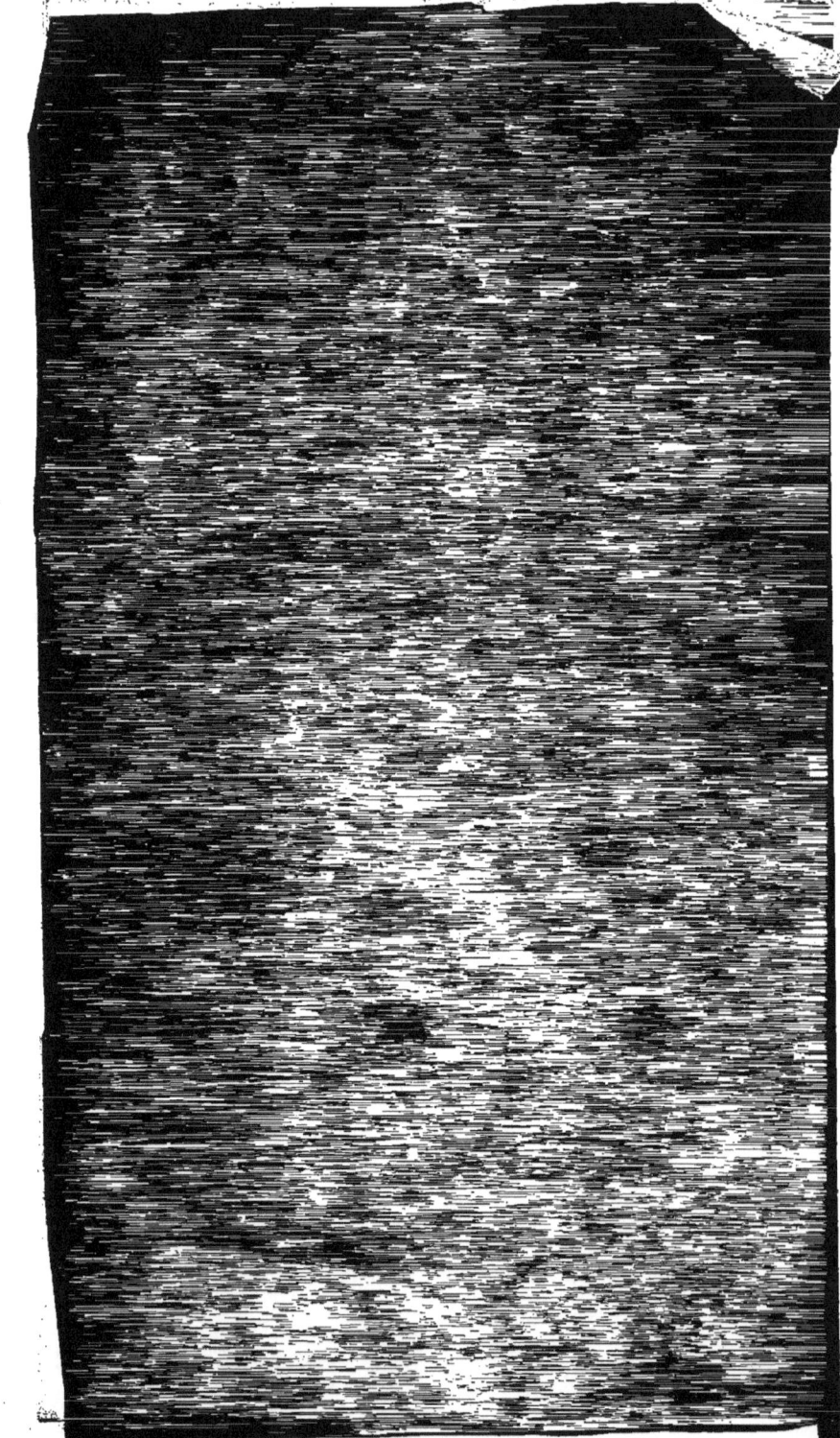

www.ingramcontent.com/pod-product-compliance
Lightning Source LLC
Chambersburg PA
CBHW071727090426
42738CB00009B/1903